Für jeden Tag ein Stück vom Glück

Für jeden Tag ein Stück vom Glück

EIN JAHRESBEGLEITER

Ausgewählt, eingeleitet und herausgegeben
von Ludger Hohn-Morisch

HERDER

FREIBURG · BASEL · WIEN

MIX
Papier aus verantwortungsvollen Quellen
FSC® C083411
www.fsc.org

Vollständig überarbeitete Neuausgabe

www.herder.de

Einbandmotiv: © Panthermedia / Anna Reinert
Einbandgestaltung: Elena Eichner, Atelier Georg Lehmacher, Friedberg (Bayern)
Vignetten: © Designbüro Gestaltungssaal
Satzgestaltung: Layoutsatz Kendlinger Mediendesign

Herstellung: CPI books GmbH, Leck

Printed in Germany

ISBN 978-3-451-30943-4

Inhalt

Zum Geleit

Einer der großen Autoren dieses Jahresbegleiters, ANTHONY DE MELLO († 1980), ist auf allen Kontinenten vielen Menschen begegnet, hat teilgenommen an ihrem Leben, an ihrem Glück und oftmals auch an ihren Pechsträhnen. Sie suchten bei ihm Antworten, wenn es für sie darum ging, sich den tiefsten Fragen zu stellen. Und DE MELLO, dieser Wanderer zwischen den Welten östlicher Weisheit und westlicher Dinglichkeit, gab nie schnelle Antworten, schwieg, ging mit den Menschen in die Stille, an einen See, und dann fanden Seelen Zeit und Raum – und Worte: in knappen, pointierten Sentenzen, köstlichen Parabeln, überraschenden Weisheitsgeschichten – wie das Läuten eines Weckers nach tiefem Schlaf: „Wach auf!" Aufwachen – das ist für ihn die Tür zum Glücklichsein. Mit den offenen Augen der Seele ins Leben schauen, unterscheiden, nichts einfach hinnehmen, weil es halt so ist, wie es ist. So geschieht Erleuchtung, Glück.

Eine seiner typischen Parabeln sollen Motto dieses Buches sein: „Eine chinesische Geschichte erzählt von einem alten Bauern, der ein altes Pferd für die Feldarbeit hatte. Eines Tages entfloh das Pferd in die Berge, und als alle Nachbarn des Bauern sein Pech bedauerten, antwortete der Bauer: ‚Pech? Glück? Wer weiß?'

Eine Woche später kehrte das Pferd mit einer Herde Wildpferde aus den Bergen zurück, und diesmal gratulierten die Nachbarn dem Bauern wegen seines Glücks. Seine Antwort hieß: ‚Glück? Pech? Wer weiß?'

Als der Sohn des Bauern versuchte, eines der Wildpferde zu zähmen, fiel er vom Rücken des Pferdes und brach sich ein Bein. Jeder hielt das für ein großes Pech. Nicht jedoch der Bauer, der nur sagte: ‚Pech? Glück? Wer weiß?'

Ein paar Wochen später marschierte die Armee ins Dorf und zog jeden tauglichen jungen Mann ein, den sie finden konnte. Als sie den Bauernsohn mit seinem gebrochenen Bein sahen, ließen sie ihn zurück. War das nun Glück? Pech? Wer weiß?"

Glück – eine Ansichtssache? Mag sein. Aber sicher hat es seine Wurzeln im Herzen des Menschen: Ich entscheide mich, glücklich zu sein oder nicht. Ich gebe mir die Maßstäbe vor, niemand sonst. Niemand und nichts kann und soll mich glücklich machen, außer ich selbst. Wie anders sähe manches „Schicksal" aus, würde ich zu dieser Prämisse aufwachen! – An jedem Tag kann es geschehen. Ideen, Impulse, Weichenstellungen mögen die Texte in diesem Buch sein, das viele bekannte, beliebte Autorenmenschen zu Wort kommen lässt, u. a. den Dalai Lama, Hermann Hesse, Rainer Maria Rilke, Phil Bosmans, Fjodor M. Dostojewski, Theodor Fontane, Anselm Grün, Heinrich von Kleist, Leo N. Tolstoi.

Für jeden Tag ein Stück vom Glück – wie das geht? Ein Beispiel des Dalai Lama: „Trotz zahlloser Bedrängnisse und Probleme scheint mir dennoch, dass, wenn ich meine Erfahrungen und Erlebnisse mit denen anderer vergleiche, ich eigentlich ein ganz glücklicher Mensch bin ... Ich glaube, die Menschen mögen mich einfach wegen meines guten Herzens."

Mein gutes Herz – der einzige Weg zum wahren Glück, Brücke, die trägt, Ort des Erwachens!

Ludger Hohn-Morisch

JANUAR

Mit den Augen des Herzens

Achtsamkeit, Mitgefühl, Liebe

1. JANUAR

Gib ihnen die Hand

Ein neues Jahr beginnt. Mach ein gutes Jahr daraus. Lass deine Güte und Freundlichkeit spürbar werden zu Hause, in der Schule, am Arbeitsplatz. Lege allen Streit bei. Halte die giftige Zunge in Zaum. Mach deinen Mann, deine Frau, deine Kinder glücklich, mit Taten, nicht nur mit Worten glücklich, denn du brauchst ihr Glück, um selbst glücklich zu sein.

Suche niemals das Glück nur für dich allein, nur in deinen eigenen vier Wänden. Hilf eine Welt zu schaffen, in der wir uns nicht nur vertragen, sondern wirklich gern haben, eine Welt, in der Platz ist für ein Lächeln, für eine Blume, für ein Herz, für ein Stückchen Himmel auf Erden.

PHIL BOSMANS

2. JANUAR

Zeit, um glücklich zu sein

Das neue Jahr soll das glücklichste deines Lebens sein. Nimm dir Zeit, um glücklich zu sein. Du bist ein wandelndes Wunder in dieser Welt. Du bist einmalig, einzigartig, unverwechselbar. Weißt du das? Warum staunst du nicht, warum freust du dich nicht, überrascht über dich selbst und über all die anderen um dich? Nimm dir ruhig Zeit, um glücklich zu sein.

PHIL BOSMANS

Achtsamkeit

Wer achtsam lebt, der lebt in Beziehung mit sich selbst, mit der Schöpfung, mit Gott und mit den Menschen. Die eigentliche Krankheit unserer Zeit ist die Beziehungslosigkeit. Weil die Menschen die Beziehung zu sich und zur Schöpfung verloren haben, schlittern sie von einer Beziehung zur anderen, nur um sich überhaupt spüren zu können. Wenn ich aber die Beziehung zu einem Menschen brauche, um mit mir in Beziehung zu kommen, dann benutze ich einen Menschen, dann beute ich ihn aus und überfordere ihn mit meiner Beziehungslosigkeit. Weil viele nicht mehr in Beziehung zu den Dingen sind, gehen sie brutal mit ihnen um. Sie benutzen sie nur für die eigenen Zwecke, sie beuten sie aus, sie zerstören sie. Diese Beziehungslosigkeit beobachten wir heute bei vielen jungen Menschen. Die Lehrer in den Schulen können ein Lied davon singen, wie die Schüler mit der Einrichtung achtlos umgehen. Das ist nicht Bosheit, sondern Ausdruck ihrer Beziehungslosigkeit. […]

Der Achtsame atmet das Leben ein und hat darin alles, wonach er sich sehnt. Er lebt in Beziehung zu den Bäumen, spricht mit ihnen, spürt ihre Ausstrahlung. Er fühlt sich als Teil der Schöpfung, geborgen, getragen, wertvoll, lebendig.

ANSELM GRÜN

4. JANUAR

Was Liebe ist

Was ist Liebe? Nehmen Sie zum Beispiel eine Rose: Kann die Rose sagen: „Für gute Menschen will ich meinen Duft verströmen, doch vor bösartigen halte ich ihn zurück"? Oder können Sie sich eine Lampe vorstellen, die einem boshaften Menschen, der in ihrem Schein gehen möchte, nicht leuchtet? Sie wäre dann keine Lampe mehr. Betrachten Sie mit Staunen die reine Güte der Rose oder der Lampe, denn hier haben Sie ein Bild dessen, was letztlich Liebe ist.

ANTHONY DE MELLO

5. JANUAR

Liebes-Lied

Wie soll ich meine Seele halten, dass
sie nicht an deine rührt? Wie soll ich sie
hinheben über dich zu andern Dingen?
Ach gerne möcht' ich sie bei irgendwas
Verlorenem im Dunkel unterbringen
an einer fremden stillen Stelle, die
nicht weiterschwingt, wenn deine Tiefen schwingen.
Doch alles, was uns anrührt, dich und mich,
nimmt uns zusammen wie ein Bogenstrich,
der aus zwei Saiten *eine* Stimme zieht.
Auf welches Instrument sind wir gespannt?
Und welcher Geiger hat uns in der Hand? O süßes Lied.

RAINER MARIA RILKE

Der Johannisbrotbaum

Ein Weiser ging einmal über Land und sah einen Mann, der einen Johannisbrotbaum pflanzte. Er blieb bei ihm stehen, sah ihm zu und fragte: „Wann wird das Bäumchen wohl Früchte tragen?“ Der Mann erwiderte: „In siebzig Jahren.“

Da sprach der Weise: „Du Tor! Denkst du, in siebzig Jahren noch zu leben und die Früchte deiner Arbeit zu genießen? Pflanze lieber einen Baum, der eher Früchte trägt, dass du dich ihrer erfreuest in deinem Leben.“

Der Mann aber hatte sein Werk vollendet und sah freudig darauf und antwortete: „Herr, als ich zur Welt kam, da fand ich Johannisbrotbäume und aß von ihnen, ohne dass ich sie gepflanzt hatte, denn das hatten meine Väter getan. Habe ich nun genossen, wo ich nicht gearbeitet habe, so will ich einen Baum pflanzen für meine Kinder und Enkel, dass sie davon genießen. Wir Menschen mögen nur bestehen, wenn einer dem andern die Hand reicht.“

PARABEL

Die Rose

Rainer Maria Rilke ging in der Zeit seines Pariser Aufenthaltes regelmäßig über einen Platz, an dem eine Bettlerin saß, die um Geld anhielt. Ohne je aufzublicken, ohne ein Zeichen des Bittens oder Dankens zu äußern, saß die Frau immer am gleichen Ort. Rilke gab nie etwas, seine französische Begleiterin warf ihr häufig ein Geldstück hin. Eines Tages fragte die Französin verwundert, warum er nichts gebe. Rilke antwortete: „Wir müssten ihrem Herzen schenken, nicht ihrer Hand."

Wenige Tage später brachte Rilke eine eben aufgeblühte weiße Rose mit, legte sie in die offene, abgezehrte Hand der Bettlerin und wollte weitergehen. Da geschah das Unerwartete: Die Bettlerin blickte auf, sah den Geber, erhob sich mühsam von der Erde, tastete nach der Hand des fremden Mannes, küsste sie und ging mit der Rose davon.

Eine Woche lang war die Alte verschwunden; der Platz, an dem sie vorher gebettelt hatte, blieb leer. Nach acht Tagen saß sie plötzlich wieder an der gewohnten Stelle. Sie war stumm wie damals, wiederum nur wieder ihre Bedürftigkeit zeigend durch die ausgestreckte Hand.

„Aber wovon hat sie denn in all den Tagen gelebt?", fragte die Französin. Rilke antwortete: „Von der Rose ..."

VERFASSER UNBEKANNT

8. JANUAR

Wie kann man überhaupt unglücklich sein?

Ist es überhaupt möglich, unglücklich zu sein? Was bedeutet mein Kummer, was hat mein Leid auf sich, wenn ich imstande bin, glücklich zu sein? [...] Sehen Sie ein Kind an, schauen Sie Gottes Morgenrot, betrachten Sie einen Grashalm, wie er wächst, schauen Sie in die Augen, die Sie ansehen und Sie lieben.

FJODOR M. DOSTOJEWSKI

9. JANUAR

Ausgesetzt auf den Bergen des Herzens

Siehe, wie klein dort, siehe:
die letzte Ortschaft der Worte, und höher,
aber wie klein auch, noch ein letztes Gehöft von Gefühl.
Erkennst du's? Ausgesetzt auf den Bergen des Herzens.
Steingrund unter den Händen. Hier blüht wohl einiges auf;
aus stummem Absturz blüht ein unwissendes Kraut
singend hervor. Aber der Wissende?
Ach, der zu wissen begann und schweigt nun,
ausgesetzt auf den Bergen des Herzens.
Da geht wohl, hellen Bewußtseins, manches umher,
manches gesicherte Bergtier wechselt und weilt.
Und der große geborgene Vogel
kreist um der Gipfel reine Verweigerung. –
Aber ungeborgen, hier auf den Bergen des Herzens ...

RAINER MARIA RILKE

Selbstsüchtig?

Denken Sie an jemanden, den Sie sehr lieben, jemanden, dem Sie nahestehen, der Ihnen viel bedeutet, und sagen Sie in Gedanken zu ihm: „Ich würde lieber glücklich sein, als dich zu haben." Schauen Sie, was passiert: „Ich würde lieber glücklich sein, als dich zu haben. Wenn ich die Wahl hätte, würde ich mich ohne Frage fürs Glücklichsein entscheiden." Doch wer fühlte sich dabei nicht selbstsüchtig, als er sich das sagte? Sicherlich viele. [...] Schauen Sie einmal, wer wirklich selbstsüchtig ist: Stellen Sie sich vor, jemand sagt zu Ihnen: „Wie kannst du so selbstsüchtig sein, dass du das Glücklichsein mir vorziehst?"

Würden Sie dann nicht am liebsten antworten: „Entschuldige mal, aber wie kannst du nur so selbstsüchtig sein, dass du verlangst, ich sollte dich über mein Glücklichsein stellen?!"

Eine Frau erzählte mir einmal von ihrem Vetter, einem Jesuitenpater; sie war damals noch ein Kind, als er in der Jesuitenkirche in Milwaukee Einkehrtage hielt. Jeden Vortrag begann er mit den Worten: „Der Prüfstein der Liebe ist das Opfer, das Maß der Liebe ist die Selbstlosigkeit." Ein großartiger Satz! Ich stellte der Frau die Frage: „Würden Sie wünschen, dass ich Sie liebe, auch wenn ich dann nicht mehr glücklich sein könnte?" „Ja", erwiderte sie.

Ist das nicht ganz entzückend? *Sie* würde mich lieben und könnte nicht mehr glücklich sein, und *ich* würde sie lieben und könnte auch nicht mehr glücklich sein. So hätten wir zwei unglückliche Menschen, doch – *lang lebe die Liebe!*

ANTHONY DE MELLO

Vermehrung der Liebe

Gemeinhin misst man den Fortschritt der Menschheit an ihren technischen und wissenschaftlichen Errungenschaften, wobei man annimmt, die Zivilisation führe zum Glück – das ist falsch. Rousseau und alle, die sich für einen primitiven patriarchalischen Zustand begeistern, haben genauso recht oder unrecht wie die, welche sich für die Zivilisation begeistern. Das Glück derer, welche die Früchte der höchsten, verfeinertsten Zivilisation und Kultur genießen, und derer, die in primitivster Wildheit leben, ist absolut gleich. Das menschliche Glück kann durch Wissenschaft, Zivilisation und Kultur ebenso wenig vermehrt werden, wie sich bewirken lässt, dass eine Wasseroberfläche an der einen Stelle höher ist als an der anderen. Vermehrung des menschlichen Glücks wird nur durch Vermehrung der Liebe möglich, die ihrem Wesen nach alle Menschen gleich macht; wissenschaftliche, technische Errungenschaften dagegen sind altersbedingt, und zivilisierte Menschen übertreffen nichtzivilisierte an Wohlbefinden ebenso wenig wie ein Erwachsener einen nicht Erwachsenen. Glück entsteht nur durch Vermehrung der Liebe.

LEO N. TOLSTOI

12. JANUAR

Herzensangelegenheiten

Frieden und Glück sind keine Verstandesprodukte, sondern Sache des Herzens, Herzensangelegenheiten. Jedes Zusammenleben ist in der Wurzel faul, solange das Herz der Menschen nicht gesund ist. Darum ist die erste Aufgabe jedes Menschen, auch deine wichtigste Aufgabe: Kultur des Herzens!

PHIL BOSMANS

13. JANUAR

Gut von Menschen reden

Es ist eine Erfahrungstatsache, dass wir mit Loben bei vielen Menschen oft weiterkommen als mit ständiger Kritik. Wer Kinder zu erziehen hat, der weiß, wie viel ein lobendes Wort bewirken kann. Wenn ich im Lob das Gute am andern benenne, wecke ich es zum Leben, ich locke das Gute in ihm hervor. Das Lob vergisst nicht, dass im andern auch negative Seiten sind, die keineswegs gelobt werden können. Aber das Loben spricht bewusst das Gute an. Es hebt das Gute ins Wort und damit zum Leben. Denn auch hier gilt: Was ausgesprochen wird, wird wirksam. Das Aussprechen schafft etwas von dem, was ausgesprochen wird. Zumindest wird es für den Hörer bewusster, und so kann es in ihm etwas bewirken.

ANSELM GRÜN

14. JANUAR

Die zärtliche, kaum vernehmbare Stimme der Liebe

Viele Stimmen versuchen, unsere Aufmerksamkeit auf sich zu lenken. Eine sagt: „Zeig, dass du ein guter Mensch bist", eine andere: „Du solltest dich schämen!" Wieder eine andere Stimme erklärt: „Niemand kümmert sich wirklich um mich!" […] Doch in all diese meist sehr lauten Stimmen mischt sich eine zärtliche, kaum vernehmbare Stimme, die uns sagt: „Du bist ein geliebter Mensch, an dem ich Wohlgefallen habe." Auf diese Stimme müssen wir vor allem hören. Um diese Stimme zu vernehmen, bedarf es der Stille, des Schweigens, des Alleinseins und eines starken Willens, zu horchen.

HENRI NOUWEN

15. JANUAR

Also wenn er liebt

Das Innerste in uns begehrt Glück, begehrt einen wohltuenden Zusammenklang mit dem, was außer uns ist. Dieser Klang wird gestört, sobald unser Verhältnis zu irgendeinem Ding ein andres ist als Liebe. Es gibt keine Pflicht des Liebens, es gibt nur eine Pflicht des Glücklichseins. Dazu allein sind wir auf der Welt. Und mit aller Pflicht und aller Moral und allen Geboten macht man einander selten glücklich, weil man sich selbst damit nicht glücklich macht. Wenn der Mensch „gut" sein kann, so kann er es nur, wenn er glücklich ist, wenn er Harmonie in sich hat. Also wenn er liebt.

HERMANN HESSE

16. JANUAR

Nehmen und geben

Glück ist eigentlich nur ein anderes Wort für Frieden, Zufriedenheit, Freundschaft, Freude. Diese Dinge fallen dir nicht in den Schoß. Du kannst sie nicht einfach von anderen verlangen. Aber du bekommst sie gratis, wenn du selbst freundlich bist, wenn du Vertrauen zu den Menschen hast, wenn du dich liebevoll um Menschen kümmerst, wenn du auch in der größten Not, wie schlimm sie auch sei, an dem Glauben festhältst, dass einmal alles gut wird. Dann wirst du eines Tages spüren, wie eine warme Sonne in dein armes Menschenherz scheint, und das wird dir guttun. Und du wirst glücklich sein.

PHIL BOSMANS

17. JANUAR

Worte der Liebe

Manchmal schweigen wir, wenn wir sprechen sollten. Ohne Worte ist es schwer, Liebe zu vermitteln. Sagen wir zu unseren Eltern, Kindern, Freunden oder einem lieben Menschen: „Ich mag dich sehr!" oder „Ich mach' mir um dich Sorgen!" oder „Du bist für mich ein großes Geschenk!", dann haben wir uns dafür entschieden, Leben weiterzugeben. – Es ist wirklich so: Worte können Leben stiften.

HENRI NOUWEN

Blümchen der Weisheit

Wer einst an den Brüsten des Glücks den goldnen Traum des Lebens träumte, der streckt zwar, wenn ihn das Schicksal mit rauer Stimme weckt, wehmütig die Arme aus nach den göttlichen Gestalten, die nun auf immer entfliehen, und sein Schmerz ist umso größer, je größer das Glück war, dessen er genoss; aber ihm ist doch aus dem Füllhorn des Segens, das von oben herab sich öffnet, auch ein Blümchen zugefallen, das ihn selbst in der Erinnerung noch erfreuen kann, wenn es gleich längst verblüht ist. Ihm sind doch die Ansprüche, die er an dies Leben zu machen hatte, nicht ganz unerfüllt geblieben, nicht mit allen seinen Forderungen ist er von der großen Erbschaft abgewiesen worden, welche der Himmel den Kindern der Erde vermacht hat, nicht murren wird er mit dem Vater der Menschen, der ihn von seiner Liebe nicht ausschloss, nicht mit bitterem Groll seine Geschwister beneiden, die mit ihm nur zu gleichen Teilen gingen, nicht zürnen auf den Genuss seines Glückes, weil er nicht ewig währte, so wie man dem Frühlinge nicht zürnt, weil er kurz ist, und den Tag nicht verwünscht, weil ihn die Nacht ablöset.

Mutiger und sichrer, als wenn er nie auf hellen Pfaden gewandelt wäre, wird er nun auch die dunkeln Wege seines Lebens durchwandeln und in der Erinnerung zuweilen mit wehmütiger Freude die bemoosten Ruinen seines ehemaligen Glückes besuchen, um das Herbstblümchen der Weisheit zu pflücken.

HEINRICH VON KLEIST

Vom Geheimnis und Sinn der Liebe (1)

Gestern stand ich am Tempeltor und befragte die Vorbeieilenden über das Geheimnis und den Sinn der Liebe.

Vor meinen Augen wanderte ein alter Mann vorbei. Sein Gesicht war abgezehrt und voll Melancholie. Er seufzte vor sich hin und sagte: „Die Liebe ist eine Schwäche der Natur, die seit Adam und Eva von Generation zu Generation weitergegeben wurde."

Ein kräftiger Jüngling erwiderte: „Die Liebe verbindet die Gegenwart mit Vergangenheit und Zukunft."

Dann kam eine Frau. Ihr Gesicht hatte einen tragischen Ausdruck. Mit gedrückter Stimme sagte sie: „Die Liebe ist ein Gift, das uns das Reich der Finsternis einimpft. Das Gift scheint frisch zu sein wie der Tau am hellen Morgen, und die durstige Seele trinkt es gierig und erkrankt für immer."

Dann erschien ein schönes Mädchen, und es sagte lächelnd: „Die Liebe gleicht dem Wein, der von den Bräuten der Morgendämmerung kredenzt wird. Er macht starke Seelen noch stärker und befähigt sie, zu den Sternen emporzusteigen."

Nach ihr sprach ein bärtiger, schwarz gekleideter Mann, der finster dreinsah: „Liebe ist die blinde Unwissenheit, mit der die Jugend beginnt und endet."

Ein anderer erklärte lächelnd: „Die Liebe ist ein göttliches Wissen, das es dem Menschen ermöglicht, ebenso viel wahrzunehmen wie die Götter."

KHALIL GIBRAN

Vom Geheimnis und Sinn der Liebe (2)

Hierauf sprach ein blinder Mann, der sich den Weg mit einem Stock ertastete: „Die Liebe ist ein Nebel, der uns die Sicht nimmt. Sie verhindert, dass die Seele das Geheimnis der Existenz erkennt, sodass das Herz nur zitternde Schattenbilder des Verlangens inmitten von Hügeln wahrnimmt und nur das Echo von Schreien hört, die aus stimmlosen Tälern kommen."

Ein Greis, der seine Füße wie zwei Lumpen einherschleppte, sagte mit bebender Stimme: „Liebe gleicht dem Ruhen des Leibes in der Stille des Grabes, gleicht der Gelassenheit der Seele in der Tiefe der Ewigkeit."

Nach ihm sagte lachend ein fünfjähriges Kind: „Mein Vater und meine Mutter sind die Liebe – und außer ihnen weiß niemand, was Liebe ist."

In dieser Art sprachen die Menschen, die vorübergingen, von der Liebe als dem Inbegriff ihrer Hoffnungen oder ihrer Enttäuschungen.

Die Liebe aber blieb das Geheimnis – das sie schon immer gewesen ist.

KHALIL GIBRAN

21. JANUAR

Das Gleichnis vom Feuer (1)

Der Buddha gab dem Mönch Vaccha folgendes Gleichnis: Wenn vor deinen Augen ein Feuer brennt, dann weißt du: Da brennt ein Feuer. Wenn dich nun jemand fragt: „Wovon brennt denn das Feuer?“ Dann wirst du antworten: „Das Feuer da brennt, weil es als Brennstoff dürres Reisig hat, Gras und Holz.“ Wenn nun das Feuer vor deinen Augen ausgeht, dann weißt du: Das Feuer ist ausgegangen. Wenn dich aber nun jemand fragt: „Nach welcher Gegend der Welt ist das Feuer, das da vor deinen Augen ausgegangen ist, von hier aus hingegangen: nach Osten, Westen, Süden oder Norden?“ Was antwortest du dann?

Darauf der Mönch Vaccha: Diese Frage wäre falsch gestellt, Erhabener. Dieses Feuer brannte vorher, weil es dürres Reisig und trockenes Gras und Holz als Brennstoff hatte. Nun, da es den Brennstoff verzehrt hat und keinen neuen mehr erhält, somit keine Nahrung mehr findet, ist es ausgegangen. Dies ist nur ein Begriff, etwas anderes ist vom Feuer nicht geblieben.

GAUTAMA BUDDHA

22. JANUAR

Das Gleichnis vom Feuer (2)

Der Buddha: Vaccha, genauso verhält es sich mit dem Tathāgata (dem Buddha): Da er Nirwāna verwirklicht hat, ist seine Gestalt, die man vor Augen hat, abgetan, annulliert und erhaben über alle Begreifbarkeit der Auffassungsmöglichkeiten. Er ist undefinierbar, unbestimmbar, unergründbar wie der große Ozean. Es wäre falsch zu sagen: Er ist. Und ebenso falsch wäre es zu sagen: Er ist nicht.

Es gibt einen Bereich, in dem ist weder Erde noch Wasser, weder Feuer noch Luft, weder das Raumunendlichkeitsgebiet noch das Bewusstseinsunendlichkeitsgebiet, weder das Gebiet des Nicht-Etwas noch das der Weder-Wahrnehmung-noch-nicht-Wahrnehmung, weder diese Welt noch jene Welt, weder Sonne noch Mond.

Dies nenne ich: weder Kommen noch Gehen, noch auch Stillstand, weder Tod noch Geburt. Es ist ohne Grundlage, Fortschritt oder Stütze.

Es ist das Ende allen Kummers.

GAUTAMA BUDDHA

23. JANUAR

Das Risiko der Liebe

Immer wenn wir uns entscheiden, einen Menschen zu lieben, öffnen wir dem Schmerz Tür und Tor; denn es gehört zur Tragik unseres Lebens, dass wir es nicht vermeiden können, diejenigen, die wir lieben, zu verletzen, während wir selbst an den Verletzungen, die uns diejenigen zugefügt haben, die uns lieben, leiden. […] Liebe aber ist stärker als Furcht, Leben stärker als Tod, Hoffnung stärker als Verzweiflung. Vertrauen wir darauf, dass es sich immer lohnt, das Risiko der Liebe einzugehen.

HENRI NOUWEN

24. JANUAR

Lieben: die Einheit fühlen (1)

Unter den großen Meistern, denen wir auf dem Weg unseres Daseins begegnen können, ist die Liebe vielleicht der größte. Sie ist der stärkste Gegner unseres hochmütigen Welt-Ichs, ist Loslassen und Hingabe schlechthin, das fruchtbarste Feld für die Erfahrung des Seins. In der Liebe wird das Numinose in einer Tiefe empfunden, die die Ganzheit der Person berührt. Lieben heißt vor allem: die Einheit fühlen. […]

Ihr volles Maß kann die Liebe nur in der Begegnung zwischen zwei Menschen annehmen. Die wahre Begegnung zwischen zwei Menschen ist selten, aber sie geschieht, wenn beide sich durch den Panzer ihres wesensfernen Ichs hindurch dem Wesen öffnen.

KARLFRIED GRAF DÜRCKHEIM

25. JANUAR

Lieben: die Einheit fühlen (2)

Die wahre Liebe mit der Möglichkeit zur größten Tiefe finden wir dort, wo zwei Menschen sich auf dem Weg ihrer Suche nach dem Sein finden und einer für den anderen Weggefährte wird. Ihre Begegnung wird der Weg ihrer gegenseitigen Vervollkommnung, wenn man im Herzen des anderen den Gleichklang des eigenen Seins vernimmt oder, im Gegenteil, seinen Widerstand gegen jedes Stehenbleiben in seiner ganzen Kraft erkennt.

KARLFRIED GRAF DÜRCKHEIM

26. JANUAR

Die drei Wurzeln

Es gibt drei Wurzeln des Unheilsamen. Welche drei? Gier ist eine Wurzel des Unheilsamen. Hass ist eine Wurzel des Unheilsamen. Verblendung ist eine Wurzel des Unheilsamen. [...]

Es gibt drei Wurzeln des Heilsamen, ihr Mönche. Welche drei? Die Gierlosigkeit ist eine Wurzel des Heilsamen. Die Hasslosigkeit ist eine Wurzel des Heilsamen. Die Unverblendung ist eine Wurzel des Heilsamen.

GAUTAMA BUDDHA

27. JANUAR

Die schönsten Stunden stehen meistens nicht in meinem Terminkalender

Wenn ich auf mein bisheriges Leben zurückblicke, stelle ich erstaunt fest: Die schönsten Augenblicke entstanden meistens völlig unvorbereitet. Ich denke an die spontane Einladung zu einem einfachen Essen draußen im Garten. Wir saßen dort bis in die Nacht zusammen und waren fröhlich wie lange nicht mehr. Oder der Besuch der alten Kirche, als der Organist gerade für ein Konzert probte. Wir bekamen alle eine Gänsehaut. Oder der Abend, an dem wir beide noch einmal über alles sprachen und feststellten, wie groß unsere Liebe noch immer ist.

RAINER HAAK

28. JANUAR

Liebe und Treue – Schlüssel zum Glück

Liebe und Treue stehen im Zentrum einer Kultur des Herzens. Man hat sie nicht einfach, sie müssen pfleglich behandelt, kultiviert werden. Sie sind kostbar. Liebe und Treue sind Früchte eines Baumes, der oft einem Kreuz gleichen kann. Seine Früchte reifen langsam in Sonnenschein und Regen, in Sturm und Wind, aber einmal gereift, wird durch sie alles gemeinsame Leben ein Fest.

Liebe und Treue sind die Schlüssel für das Haus, in dem du sicher und geborgen bist. Hier schlägt ein Herz für dich, hier wirst du aufgenommen mit offenen Armen.

PHIL BOSMANS

29. JANUAR

Das Gleichnis vom Teich

Da steht einer am Ufer eines Teiches, eines schlammigen, aufgewühlten und trüben Teiches. Seine Augen vermögen darin die verschiedenartigen Muscheln, den Sand, die Kieselsteine und die vielen Fische, die sich darin tummeln, nicht zu erkennen; und dies wegen des trüben Wassers. So ist es auch mit einem Menschen, dessen Geist verschlackt ist: Er vermag nicht sein eigenes Heil zu erkennen, noch das Heil anderer, noch das ihm und den anderen gemeinsame Heil; und er vermag nicht die außerordentliche Eigenschaft des Erkenntnisblickes zu erlangen, die der Heiligkeit fähig macht; denn sein Geist ist ja verschlackt.

Wenn einer aber am Ufer eines ungetrübten, ruhigen und klaren Teiches steht, dann vermögen seine Augen die verschiedenartigen Muscheln, den Sand, die Kieselsteine und die vielen Fische, die sich darin tummeln, zu erkennen; und dies, weil das Wasser klar ist. So ist es auch mit einem Menschen, dessen Geist entschlackt ist: Er vermag sein eigenes Heil zu erkennen, sowie das Heil anderer und das Heil, das ihm und den anderen gemeinsam ist; und er vermag die außerordentliche Eigenschaft des Erkenntnisblickes zu erlangen, die der Heiligkeit fähig macht; denn sein Geist ist entschlackt.

GAUTAMA BUDDHA

30. JANUAR

Ein Wunder (1)

Gab es nicht ein leises Zittern, schlug das Herz nicht schneller, war die Stimme nicht beklommen, als du ihr, als du ihm den Ring an den Finger stecktest: „Trag diesen Ring als Zeichen der Liebe und Treue?"

Eine glückliche Ehe ist ein ganz großes Wunder, ein Geheimnis der Liebe zwischen zwei Menschenkindern. Man kann nur staunen und dankbar sein. Das Zusammenleben ist ein Fest, wenn man sich umarmt und die Nähe eines liebevollen Herzens spürt.

PHIL BOSMANS

Ein Wunder (2)

Dann gibt es keine Grenzen mehr, keine Erde und keinen Himmel. Die Uhren ticken nicht mehr. Die ganze Welt steht still. Der Mond scheint hell wie die Sonne. Die Vögel zwitschern im Winter. Blumen blühen in den Augen. In allen Dingen liegt ein Zauber, und man beginnt, gemeinsam zu träumen ... von morgen, vom gemeinsamen Fest des Lebens.

Leg die Liebe nicht auf die Waage. Miss nicht ab, wie weit und wie lange. Abgewogene und abgemessene Liebe ist keine Liebe, sondern Berechnung. Lass die Liebe spontan sein, ohne Hintergedanken, ursprünglich und echt, dann kommt Freude über dich, dir wird warm ums Herz, du bist glücklich, du könntest tanzen und singen.

Spontane Liebe ist etwas Phantastisches. Sie versetzt in den siebten Himmel. Sie ist ein Wunder.

PHIL BOSMANS

FEBRUAR

Alles hat seine Zeit

Woran hänge ich mein Herz?

Der Nagel

Ein Kaufmann hatte auf der Messe gute Geschäfte gemacht, alle Waren verkauft und seine Geldkatze mit Gold und Silber gespickt. Er wollte jetzt heimreisen und vor Einbruch der Nacht zu Haus sein. Er packte also den Mantelsack mit dem Geld auf sein Pferd und ritt fort.

Zu Mittag rastete er in einer Stadt: Als er weiter wollte, führte ihm der Hausknecht das Ross vor, sprach aber: „Herr, am linken Hinterfuß fehlt im Hufeisen ein Nagel." – „Lass ihn fehlen", erwiderte der Kaufmann, „die sechs Stunden, die ich noch zu machen habe, wird das Eisen wohl festhalten. Ich habe Eile."

Nachmittags, als er wieder abgestiegen war und dem Ross Brot geben ließ, kam der Knecht in die Stube und sagte: „Herr, Euerm Pferd fehlt am linken Hinterfuß ein Hufeisen. Soll ich's zum Schmied führen?" – „Lass es fehlen", erwiderte der Herr, „die paar Stunden, die noch übrig sind, wird das Pferd wohl aushalten. Ich habe Eile."

Er ritt fort, aber nicht lange, so fing das Pferd zu hinken an. Es hinkte nicht lange, so fing es an zu stolpern, und es stolperte nicht lange, so fiel es nieder und brach ein Bein. Der Kaufmann musste das Pferd liegen lassen und zu Fuß nach Haus gehen, wo er erst spät in der Nacht anlangte. „An allem Unglück", sprach er, „ist der verwünschte Nagel schuld." Eile mit Weile.

BRÜDER GRIMM

2. FEBRUAR

Still werden

Versuche, still zu werden. Dafür musst du zu dir zurückfinden. Komm in die Gegenwart. Frage dich: Wo bin ich gerade jetzt? Was tue ich? Was denke ich? Was spüre ich in meinem Körper? Wie atme ich? – Stille kann nicht erzwungen oder unmittelbar angestrebt werden. Suche einfach innere Wachheit – dann wird die Stille sich einstellen.

ANTHONY DE MELLO

3. FEBRUAR

Was war es ...?

Das Geheimnis des Glücks ist unter der Hülle geistiger Erkenntnis verborgen. Und geistige Erkenntnis ist nur dies: dass im Menschenherzen ein immerwährendes Sehnen ist, etwas von seinem Ursprung zu erfahren, etwas von seinem ursprünglichen Zustand zu erleben – von dem Zustand des Friedens und der Freude, der gestört worden ist und immer wieder gestört wird und nach dem man das ganze Leben hindurch sich sehnt und sucht, nach dem zu suchen man nicht aufhören kann, bis schließlich der wahre Ursprung gefunden und verwirklicht ist. Was war es, das in der Wildnis Freude und Friede gab? Was war es, das in den Wäldern, in der Einsamkeit zu uns kam? Es war nichts anderes als die Tiefe des eigenen Lebens, die still ist wie die Tiefe des großen Meeres, so still, so ruhig.

HAZRAT INAYAT KHAN

4. FEBRUAR

Die Welt, in der wir leben

Ich stelle mir vor, ich hätte einen ganzen Tag zur Verfügung, den ich allein auf einem Berggipfel verbringen könnte …

Einsamkeit ist Zusammensein: Hier begegne ich mir selbst und der ganzen Schöpfung und dem Sein. Außerhalb der Einsamkeit bin ich zerstreut und geteilt. […]

Ich liebe die Menschen, denen ich heute begegnen werde, und drücke sie alle an mein Herz … und ich liebe alle Menschen überall und an allen Enden der Erde … und vergangene Völker … und die Völker späterer Jahrhunderte – in der Einsamkeit gewinne ich Einsicht und Tiefe, um das zu vermögen.

ANTHONY DE MELLO

5. FEBRUAR

Wenn es einmal wäre …

„Ach, Lieber! Wenn es einmal wäre, dass ein Mensch mit allen Menschen Frieden schlösse und mit sich, wenn einmal sein zerrüttetes Herz mitten im Sauerteige der hassenden und gehassten Welt nur den milden süßen Lebenssaft der Liebe auffasste und bewahrte, wie die Auster mitten im Schlamm nur helles reines Wasser in ihr Gehäuse nimmt; ach, wenn er das voraus wüsste: Dann könnte wohl ein froher Abend wie dieser seine dürstende zerlechzte Brust erquicken und füllen und den ewigen Seufzer befriedigen."

JEAN PAUL

6. FEBRUAR

Dem Glücklichen schlägt keine Stunde (1)

Das Glück, wenn es mir recht ist, liegt in zweierlei: Darin, dass man ganz da steht, wo man hingehört, und zum Zweiten und Besten in einem behaglichen Abwickeln des ganz Alltäglichen, also darin, dass man ausgeschlafen hat und dass einen die neuen Stiefel nicht drücken. Wenn einem die 720 Minuten eines zwölfstündigen Tages ohne besonderen Ärger vergehen, so lässt sich von einem glücklichen Tage sprechen.

THEODOR FONTANE

7. FEBRUAR

Dem Glücklichen schlägt keine Stunde (2)

Ich denke, dem Glücklichen schlägt keine Stunde, und er soll die glückliche Stunde nicht abkürzen, auch nicht auf die Gefahr hin, dabei einmal unpünktlich zu sein. Aber wenn er es zu müssen glaubt, gut, ich habe nichts dagegen. Er wird sich dann aber aus der Schar der Glücklichen wegstehlen, ohne nach der Uhr gesehen zu haben, oder doch nur ganz still, ganz leise, ganz heimlich und diskret.

THEODOR FONTANE

8. FEBRUAR

Ansprüche und Erwartungen

Wir alle hängen voneinander in verschiedenster Hinsicht ab, oder nicht? Wir hängen vom Metzger ab, vom Bäcker, vom Glühbirnenhersteller. Gegenseitige Abhängigkeit. So ist das! … Aber voneinander psychologisch abhängig zu sein – voneinander gefühlsmäßig abzuhängen –, was bedeutet das eigentlich? Es bedeutet, von einem anderen Menschen in punkto Glück abzuhängen.

ANTHONY DE MELLO

9. FEBRUAR

Eine Art Sinfonie

Wo Liebe ist, gibt es keine Ansprüche, keine Erwartungen, keine Abhängigkeit. Ich verlange nicht, dass du mich glücklich machst; mein Glück ist nicht in dir begründet. Wenn du mich verlassen würdest, würde ich mich nicht bedauern; ich genieße deine Gesellschaft über alle Maßen, aber ich klammere mich nicht an. Ich genieße sie, ohne mich festzuklammern. Was ich eigentlich genieße, bist nicht du, es ist etwas, das größer ist als wir beide. Es ist etwas, das ich entdeckt habe, eine Art Sinfonie, eine Art Orchester, das in deiner Gegenwart eine Melodie spielt; doch wenn du gehst, hört das Orchester nicht auf zu spielen. Begegne ich jemand anderem, spielt es eine andere Melodie, die auch wunderbar ist. Und bin ich alleine, spielt es weiter.

ANTHONY DE MELLO

10. FEBRUAR

Die Stille

Zu einem Einsiedler kamen eines Tages Menschen. Sie fragten ihn: „Welchen Sinn siehst du in deinem Leben der Stille?" Er war gerade mit dem Schöpfen von Wasser beschäftigt, aus einer tiefen Zisterne. Er überlegte. Er sprach: „Schaut in die Zisterne. Was seht ihr?"

Die Besucher blickten in die tiefe Zisterne: „Wir sehen nichts." Nach einer Weile forderte der Einsiedler die Leute wieder auf: „Schaut in die Zisterne. Was seht ihr?" Sie blickten hinunter und sagten: „Jetzt sehen wir uns selbst!"

Der Einsiedler sprach: „Als ich vorhin Wasser schöpfte, war das Wasser unruhig, und ihr konntet nichts sehen. Jetzt ist das Wasser ruhig, und man sieht sich selber. Das ist die Erfahrung der Stille."

PARABEL

11. FEBRUAR

Eine Welt mit menschlichem Gesicht

Eine Welt, ein Land – wo niemand Not leidet, wo Menschen täglich Liebe und Leid teilen. Wo Menschen wie Töne eines einzigen Liedes sind: jeder Ton mit seinem eigenen Klang, in der unerschöpflichen Melodie des Friedens unter den Menschen.

PHIL BOSMANS

12. FEBRUAR

Eine Welt mit Herz

Eine Welt, ein Land – wo alles auf das Maß des Menschen zurückgeführt wird, wo Herzlichkeit das Haus erfüllt und Menschen menschliche Wärme finden. Wo Gesunde und Kranke, Kräftige und Gebrechliche, Jüngere und Ältere einander Heimat und Geborgenheit geben.

PHIL BOSMANS

13. FEBRUAR

Eine Welt mit menschlichem Gesicht

Eine Welt, ein Land – wo das menschliche Interesse den Vorrang hat vor politischen, wirtschaftlichen und finanziellen Interessen, wo Raum ist für die Wunder der Natur, für Musik und Tanz, für Kinder und Clowns. Wo Menschen glücklich sein können über ein Glück, das gratis ist.

Eine Welt, ein Land – mit einem menschlichen Gesicht, mit dem Gesicht der Liebe.

PHIL BOSMANS

Die Hasen und die Frösche

Es wird erzählt, dass die Hasen einst Rats pflogen und dabei zu dem Entschluss gelangten, sie wollten ihren Wald verlassen und in ein anderes Land ziehen, dieweil sie in unaufhörlicher Sorge lebten. Hunde und Menschen hielten sie in Furcht, und dieser Zustand schien ihnen nicht mehr erträglich.

Ein alter weiser Hase meinte zwar, es sei töricht, die Heimat, in der sie von Kindesbeinen an gelebt, und die Freundschaft im Stich zu lassen, aber das andere Volk wollte ihm keinen Glauben schenken, und so machten sie sich denn allesamt auf den Weg. Es geschah aber, dass sie an einen Teich gelangten, an dessen schlammigen Ufern sich eine Froschversammlung niedergelassen hatte. Als die Frösche die Hasenschar sahen, erschraken sie dergestalt, dass sie alle mit einem Plumpser ins Wasser sprangen.

Dieses merkte der alte weise Hase, rief seine Gefährten zusammen und sprach: „Da schaut her! Erst durch die Frösche, die Furcht vor uns haben, müssen wir innewerden, dass wir eine große Torheit begehen, wenn wir unseren heimatlichen Wald verlassen, um anderswo größere Sicherheit zu suchen. Nie im Leben werden wir ein Land finden, wo wir nichts zu fürchten brauchen. Kehren wir also um, wir werden gut daran tun.“ Und alsbald machten die Hasen kehrt und wanderten in ihr Land zurück.

Diese Fabel möge die, die ihre Heimat verlassen wollen, lehren, dass sie nirgends eine Gegend finden werden, wo es keine Sorge und keine Mühe gibt.

FRANZÖSISCHE FABEL

Bedingungen

Wir können uns gar nicht vorstellen, ohne Bedingungen glücklich zu sein. Das eben ist es. Es wurde uns beigebracht, unser Glück auf Bedingungen zu setzen. Das ist dann so, als sagten wir zu unserem Freund oder zu unserer Freundin, zu Gott oder zu wem auch immer: „Du bist mein Glück. Wenn ich dich nicht bekomme, weigere ich mich, glücklich zu sein."

Dies zu verstehen, ist sehr wichtig. Es ist das Erste, was zu tun ist, wenn wir wach werden wollen, was nichts anderes heißt, als zu sagen: wenn wir lieben wollen, wenn wir Freiheit wollen, wenn wir Freude, Frieden und geistliches Leben wollen. In diesem Sinn ist Spiritualität die nützlichste Sache der Welt. [...]

Wohin man blickt, überall Kummer, Einsamkeit, Angst, Verwirrung, Zwiespalt in den Herzen der Menschen – innerer und äußerer Zwiespalt. Angenommen, jemand würde Ihnen einen Weg zeigen, auf dem Sie all dem entrinnen könnten? [...] Würden Sie dies wollen? Angenommen, jemand würde uns einen Weg zeigen, auf dem wir zu aufrichtiger gegenseitiger Liebe, zu Frieden und Freundlichkeit gelangen könnten. Können Sie sich etwas Nützlicheres als das vorstellen? Doch stattdessen gibt es Leute, die meinen, das große Geschäft, die Politik seien nützlicher. Was hat die Erde davon, wenn ein Mensch auf den Mond geschossen wird, wenn wir auf der Erde nicht leben können?

ANTHONY DE MELLO

16. FEBRUAR

Wie jeder Mensch begreifen wird

Als der Krieg zwischen zwei benachbarten Völkern unvermeidlich war, schickten die Feldherrn von beiden Seiten Späher aus, um zu erkunden, wo man am leichtesten in das Nachbarland einfallen könnte. Die Kundschafter kehrten zurück und berichteten auf beiden Seiten dasselbe: Es gebe nur eine Stelle an der Grenze, die sich dafür eigne. „Dort aber", sagten sie, „wohnt ein braver kleiner Bauer in einem kleinen Haus mit seiner anmutigen Frau. Sie haben einander lieb, und es heißt, sie seien die glücklichsten Menschen auf der Welt. Sie haben ein Kind. Wenn wir nun über sein Grundstück marschieren, dann zerstören wir das Glück. Also kann es keinen Krieg geben." Das sahen die Feldherren ein, und der Krieg unterblieb, wie jeder Mensch begreifen wird.

CHINESISCHES MÄRCHEN

17. FEBRUAR

Äußere und innere Schau

In seinem tiefsten Innern sucht der Mensch nach Glück, nach Schönheit und Harmonie. Wenn er jedoch auf die Schönheit und die Harmonie nicht eingeht, vergeudet er sein Leben. Welche Verleugnung unseres wahren Selbst, die göttliche Schönheit, die vor uns liegt, zurückzuweisen! Wenn wir uns der göttlichen Schönheit rings um uns verschließen, wird sich auch die Schönheit in unserem Innern nicht entfalten.

HAZRAT INAYAT KHAN

18. FEBRUAR

Wenn es nur einmal so ganz still wäre …

Wenn es nur einmal so ganz stille wäre …
wenn das Zufällige und Ungefähre
verstummte und das nachbarliche Lachen
und das Geräusch, das meine Sinne machen,
mich nicht so sehr verhinderte am Wachen:
Dann könnte ich in einem tausendfachen
Gedanken bis an Deinen Rand Dich denken
und Dich besitzen (nur ein Lächeln lang),
um Dich an alles Leben zu verschenken,
wie einen Dank.

RAINER MARIA RILKE

19. FEBRUAR

Der heutige Tag (1)

Nur für heute will ich mich mühen; den heutigen Tag will ich leben, ohne gleichzeitig an alle Probleme meines Lebens zu denken.

Nur für heute will ich gewiss sein, dass ich für das Glück geschaffen wurde, und zwar nicht erst für die andere Welt, sondern auch für diese.

Nur für heute will ich mich den Umständen anpassen, ohne zu verlangen, dass die Umstände sich meinen Wünschen unterordnen.

PAPST JOHANNES XXIII. ZUGESCHRIEBEN

20. FEBRUAR

Der heutige Tag (2)

Nur für heute will ich eine gute Tat vollbringen, und ich werde es keinem Menschen erzählen. Es ist mein Geheimnis.

Nur für heute will ich fest daran glauben, auch wenn äußere Umstände Widersprüchliches nahelegen, dass die Güte Gottes sich um mich kümmert, so als gäbe es sonst niemanden mehr auf dieser Erde.

PAPST JOHANNES XXIII. ZUGESCHRIEBEN

21. FEBRUAR

Keine Zeit zu verlieren

Das Wartezimmer des Arztes war gedrängt voll. Ein älterer Herr stand auf und ging zur Sprechstundenhilfe. „Entschuldigen Sie", sagte er höflich, „ich war um zehn Uhr bestellt, und jetzt ist es fast elf. Ich kann nicht mehr länger warten. Würden Sie mir bitte einen Termin an einem anderen Tag geben?"

Eine der Wartenden beugte sich zu einer anderen Frau und sagte: „Er ist doch mindestens achtzig Jahre alt. Was mag er wohl so dringend vorhaben, dass er nicht länger warten kann?" Der Herr hörte die geflüsterte Bemerkung. Er wandte sich der Dame zu, verbeugte sich und sagte: „Ich bin siebenundachtzig Jahre alt. Und genau deswegen kann ich mir nicht leisten, auch nur eine Minute der kostbaren Zeit, die ich noch habe, zu vergeuden."

ANTHONY DE MELLO

22. FEBRUAR

Wir alle sind auf der Reise

Unter „innerem Leben“ versteht man ein Leben, das nach Vollendung strebt, die man die Vollkommenheit der Liebe, Harmonie und Schönheit nennen kann, ein Leben, das, dem religiösen Sprachgebrauch gemäß, Gott zustrebt.

So ist das innere Leben eine Reise, und wer sie antritt, muss sich darauf vorbereiten. Ist man nicht vorbereitet, so läuft man Gefahr, umkehren zu müssen, ehe man sein Ziel erreicht hat. Wer auf Reisen geht und etwas zu vollbringen hat, muss wissen, was er auf dem Wege braucht, damit seine Reise leicht vonstatten geht und er vollenden kann, was er zu tun begonnen hat. Die Reise im inneren Leben ist so lang wie die Entfernung zwischen der Geburt und dem Tod, sie ist die längste Reise, die man im ganzen Leben macht, und man muss alles vorbereitet haben, damit man nicht zur Umkehr gezwungen wird, nachdem man schon eine gewisse Strecke zurückgelegt hat.

Wir alle sind auf der Reise; das Leben selbst ist eine Reise. Niemand ist hier sesshaft; wir alle wandern immer weiter, und daher ist es nicht richtig, wenn man sagt, man gebe sein sesshaftes Leben auf, wenn man eine geistige Reise antritt. Niemand hat hier eine bleibende Statt, wir alle sind nicht sesshaft, wir alle sind auf der Wanderung.

HAZRAT INAYAT KHAN

23. FEBRUAR

Einfache Menschen

Ich glaube an die Menschen, die einfachen, normalen, gewöhnlichen Menschen.

Menschen, die leben und das Lachen nicht verlernt haben.

Menschen, die sich über das Licht freuen, zu allem Guten Ja sagen und auch Schweres, das sich nicht ändern lässt, annehmen können.

PHIL BOSMANS

24. FEBRUAR

Einfache Menschen – wunderbare Menschen …

Sie kommen nicht ins Fernsehen und stehen nicht in der Zeitung. Sie haben ein sicheres Gespür für den Schwachsinn, den Medien nicht selten von sich geben. Der Schund, der in der Öffentlichkeit verbreitet wird, kümmert sie einen Dreck. Sie sind unendlich verträglich. Aber sie wissen zu widerstehen, wenn die Wurzeln des Lebens angetastet werden.

Menschen, von denen ohne viel Aufhebens ein Strom der Liebe in die Welt ausgeht. Oasen in unserer Wüste. Sterne in unserer Nacht. Die einzigen Lungen, durch die unsere Welt noch atmen kann.

PHIL BOSMANS

Enttäuschte Hoffnung

Deine Hoffnung ist enttäuscht worden.
Du hattest dir alles so schön vorgestellt.
Jetzt stehst du erst einmal da, so leer,
und weißt nicht mehr weiter.
Deine Hoffnung ist enttäuscht worden.
War es denn deine einzige?
Hattest du nichts anderes zu hoffen?
Hast du immer nur in *eine* Richtung geblickt?
Nur eine einzige menschliche Hoffnung
ist niemals gut.
Deine Hoffnung ist enttäuscht worden,
und für kurze Zeit weißt du nicht weiter.
Doch du wirst erkennen,
dass es auch andere Hoffnungen gibt,
andere Wege und neue Träume.
Du wirst frei sein für einen neuen Blick
und schon bald viele andere
gute Möglichkeiten des Lebens sehen.
Du gibst deine Hoffnung auf, doch nicht dich selbst.
Und der Weg ist frei für wunderbare, neue Hoffnungen.

RAINER HAAK

26. FEBRUAR

Am Glück fehlt oft ein Stück

Es gibt Menschen, die niemals richtig glücklich sein können. Für sie ist das Glück abhängig von tausend Dingen, und etwas fehlt ihnen immer. Sie vergessen, dass Glück aus vielen Teilen besteht. Immer ist irgendein Teil zu kurz. Ganz schlimm wird es, wenn sie ihr Leben lang auf das eine Teil warten, das nicht da ist. Sie sind blind für die vielen anderen Teile, mit denen sie glücklich sein könnten. Aber sie sehen sie nicht, die kleinen, gewöhnlichen Dinge. – Glück ist wie die Sonne. Aber selbst auf der Sonne sitzen Flecken!

PHIL BOSMANS

27. FEBRUAR

Vergnügen – Glück?

In unserer Alltagssprache verwischen wir sehr oft den Unterschied zwischen Vergnügen und Glück. Ein Zeitvertreib, eine Unterhaltung, Belustigung, Fröhlichkeit – alles Dinge, die unsere Gedanken von unserer Verantwortung, von unseren Sorgen und Beschränkungen im Leben ablenken und uns einen Augenblick des Trostes verschaffen, lassen den Gedanken in uns aufkommen, sie seien Mittel zum Glück. Und da wir sie nicht festhalten können, da wir oft finden, dass bei der Jagd nach einem sogenannten Vergnügen der Verlust größer ist als der Gewinn, beginnen wir den Weg zu suchen, der uns zum wirklichen Glück führt.

HAZRAT INAYAT KHAN

Gegenüber von Afrika

Heimathaben ist gut,
Süß der Schlummer unter eigenem Dach,
Kinder, Garten und Hund. Aber ach,
Kaum hast du vom letzten Wandern geruht,
Geht dir die Ferne mit neuer Verlockung nach.
Besser ist Heimweh leiden
Und unter den hohen Sternen allein
Mit seiner Sehnsucht sein.
Haben und rasten kann nur der,
Dessen Herz gelassen schlägt,
Während der Wandrer Mühsal und Reisebeschwer
In immer getäuschter Hoffnung trägt.
Leichter wahrlich ist alle Wanderqual,
Leichter als Friede finden im Heimattal,
Wo in heimischer Freuden und Sorgen Kreis
Nur der Weise sein Glück zu bauen weiß.
Mir ist besser, zu suchen und nie zu finden,
Statt mich eng und warm an das Nahe zu binden,
Denn auch im Glücke kann ich auf Erden
Doch nur ein Gast und niemals ein Bürger werden.

HERMANN HESSE

Alles im Leben hat seine Zeit

Alles hat seine Zeit. Der Frühling hat seine Zeit, der Sommer, der Herbst und der Winter.

Arbeit und Anstrengung haben ihre Zeit, Urlaub und Muße haben ihre Zeit.

Alleinsein hat seine Zeit und Gemeinschaft, Nähe und Distanz.

Fröhlichkeit und Glück haben ihre Zeit, Trauer und Schmerz haben ihre Zeit.

Festhalten und Sammeln haben ihre Zeit, Loslassen und Verteilen haben ihre Zeit.

Licht hat seine Zeit und Dunkelheit, Gesundheit und Krankheit, Jugend und Alter.

Alles hat seine Zeit. Ich habe lange gebraucht, um das zu verstehen und zu akzeptieren. Ich habe lange versucht, dagegen anzukämpfen. Ich habe gedacht, das eine würde ohne das andere gehen. Doch ohne Dunkelheit gibt es kein Licht und ohne Schmerz kein Glück.

Alles hat seine Zeit. Und ich bin traurig froh, spüre die Liebe und den Schmerz und möchte mit keinem anderen Menschen tauschen.

RAINER HAAK

MÄRZ

Die scheinbar unscheinbaren Augenblicke

Manchen Lasten wachsen Flügel

1. MÄRZ

Wie Licht und Wolkenschatten …

Sie dürfen nicht erschrecken, wenn eine Traurigkeit vor Ihnen sich aufhebt, so groß, wie Sie noch keine gesehen haben; wenn eine Unruhe, wie Licht und Wolkenschatten, über Ihre Hände geht und über all Ihr Tun. Sie müssen denken, dass etwas an Ihnen geschieht, dass das Leben Sie nicht vergessen hat, dass es Sie in der Hand hält; es wird Sie nicht fallen lassen. Warum wollen Sie irgendeine Beunruhigung, irgendein Weh, irgendeine Schwermut von Ihrem Leben ausschließen, da Sie doch nicht wissen, was diese Zustände an Ihnen arbeiten?

RAINER MARIA RILKE

2. MÄRZ

Je stiller, je geduldiger …

Darum ist es so wichtig, einsam und aufmerksam zu sein, wenn man traurig ist: weil der scheinbar ereignislose und starre Augenblick, da unsere Zukunft uns betritt, dem Leben so viel näher steht als jener andere laute und zufällige Zeitpunkt, da sie uns, wie von außen her, geschieht. Je stiller, geduldiger und offener wir als Traurige sind, umso tiefer und umso unbeirrter geht das Neue in uns ein, […] und wir werden uns ihm, wenn es eines späteren Tages „geschieht" (das heißt: aus uns heraus zu den anderen tritt), im Innersten verwandt und nahe fühlen.

RAINER MARIA RILKE

Die bellenden Hunde (1)

In dem Märchen schickt ein Vater seine drei Söhne aus, damit sie ganz bestimmte Aufgaben erfüllen. Der jüngste Sohn schert sich jedoch nicht um die Aufgaben des Vaters. Er lernt vielmehr jedes Mal eine neue Sprache. So lernt er beim ersten Ausschicken die Sprache der bellenden Hunde, dann die Sprache der Frösche und schließlich die Sprache der Vögel, d. h. die Sprache der Leidenschaften, die Sprache des Unbewussten und die Sprache des Geistes.

Auf seiner Wanderung kommt er an eine Burg und möchte dort übernachten. Der Burgherr kann ihm aber nur den Turm anbieten. Er warnt ihn davor, weil dort wilde, bellende Hunde hausten, die schon oft Menschen verschlungen hätten. Doch der junge Mann hat keine Angst. Er kennt ja die Sprache der bellenden Hunde. So nimmt er etwas zu essen mit und nähert sich wohlwollend den wilden Hunden: „Als er hineintrat, bellten ihn die Hunde nicht an, wedelten mit den Schwänzen gar freundlich um ihn herum, fraßen, was er ihnen hinsetzte, und krümmten ihm kein Härchen. Am anderen Morgen kam er zu jedermanns Erstaunen gesund und unversehrt wieder zum Vorschein und sagte zu dem Burgherrn: ‚Die Hunde haben mir in ihrer Sprache offenbart, warum sie da hausen und dem Lande Schaden bringen. Sie sind verwünscht und müssen einen großen Schatz hüten, der unten im Turme liegt, und kommen nicht eher zur Ruhe, als bis er gehoben ist.'" (Wilhelm Laiblin) Der junge Mann gräbt den Schatz aus. Die verwunschenen wilden Hunde werden ruhig und friedlich und verlassen die Burg. [...]

ANSELM GRÜN

4. MÄRZ

Die bellenden Hunde (2)

Überall dort, wo es mich drückt, wo ich mit mir nicht zurechtkomme, wo ein Konflikt sich lauthals meldet, wo eine Krankheit unüberhörbar schreit, da liegt auch ein Schatz bereit. Gerade dort, wo es in mir brodelt, will etwas in mir zum Leben kommen und aufblühen. Verwandlung meint, dass ich nichts in mir ausschließe, sondern dass ich mit meinen Leidenschaften, Krankheiten, Konflikten, Problemen, ja auch mit meinen Sünden ins Gespräch komme. Dann werden sie mich zu dem Schatz führen, der in mir verborgen liegt, zu neuen Lebensmöglichkeiten, zu einer neuen Qualität, die ich bisher unterdrückt habe.

ANSELM GRÜN

5. MÄRZ

Die bellenden Hunde (3)

Dort, wo ich mich ohnmächtig fühle und auf meine Unfähigkeit stoße, meine Fehler, meine Schwächen, meine Probleme in den Griff zu bekommen, dort liegt auch ein Schatz begraben. Statt meine Energie dazu zu verwenden, die Fehler gewaltsam zu beseitigen oder zu unterdrücken, sollte ich mit meinen Fehlern, mit meinen Konflikten ins Gespräch kommen, dann würden sie mir den Schatz zeigen, der auf dem Grund meiner Seele darauf wartet, geborgen zu werden.

ANSELM GRÜN

Die bellenden Hunde (4)

Das Märchen von den drei Sprachen geht noch weiter. Auf seiner Wanderung kommt der junge Mann an einem Teich vorbei und hört die Frösche quaken, dass er in Rom zum Papst gewählt werde. Was ihm das Unbewusste in der Sprache der Frösche sagt, macht ihn ganz traurig. Er zieht weiter nach Rom. Dort ist gerade der Papst gestorben, und die Kardinäle haben sich in der Peterskirche versammelt, um einen neuen Papst zu wählen. Da sie sich auf keinen Kandidaten einigen können, möchten sie den zum Papst wählen, den ein Wunder ihnen offenbare.

In diesem Augenblick betritt der Jüngling die Kirche. Zwei Vögel setzen sich auf seine Schultern. Das ist den Kardinälen Zeichen für seine Erwählung. Trotz allen Sträubens wird er zum Papst gewählt und muss die erste Messe singen. Er kann weder Latein, noch kennt er sich in der Liturgie aus. Aber die zwei Vögel auf seiner Schulter flüstern ihm alles ein, was er zu sagen hat.

Die Erwählung zum Papst, zum geistlichen Führer, zeigt die Verwandlung des Mannes an. Weil er auf die Sprache der bellenden Hunde, der Frösche und der Vögel hört, führen sie ihn ein in die menschliche und göttliche Weisheit und befähigen ihn, für andere zum geistlichen Begleiter und Führer zu werden. Weil er sowohl in seinen Leidenschaften und Krankheiten als auch in seinem Unbewussten auf Gottes Stimme hört, schickt ihm Gott die Vögel seiner Weisheit, die ihm alles erschließen und offenbaren.

ANSELM GRÜN

7. MÄRZ

Wie Glück zu finden ist (1)

Wir streben nach Glück, nach Wohlergehen. Wir sagen uns: Ich könnte nur dann Wohlergehen erringen, glücklich sein, wenn alle anderen Wesen mich mehr liebten als sich selbst. Das ist ein Ding der Unmöglichkeit; aber trotzdem leben wir; all unser Tun, unser Streben nach Reichtum, nach Ruhm, nach Macht sind nichts weiter als der Versuch, die anderen zu zwingen, uns mehr zu lieben, als sie sich selbst lieben.

LEO N. TOLSTOI

8. MÄRZ

Wie Glück zu finden ist (2)

Reichtum, Ruhm und Macht liefern uns ein Abbild einer solchen Ordnung der Dinge; und wir sind nahezu zufrieden, vergessen zeitweise, dass dies nur ein Abbild und nicht Wirklichkeit ist. Alle Wesen lieben sich selbst mehr als uns, und Glück ist unmöglich. Es gibt Menschen (und ihre Zahl vergrößert sich von Tag zu Tag), die sich, außerstande, dieses Problem zu bewältigen, eine Kugel durch den Kopf jagen, da sie meinen, das Leben sei ein einziger Betrug.

Und dennoch ist die Lösung des Problems mehr als einfach und drängt sich geradezu von selbst auf: Ich kann nur dann glücklich sein, wenn in dieser Welt eine Ordnung existiert, bei der alle Wesen die anderen mehr lieben als sich selbst. [...]

Der Mensch braucht nur diese vernünftige Überlegung anzustellen, und sogleich bietet sich ihm das Leben in anderer Sicht dar als früher. Alle Wesen rotten einander aus; aber alle Wesen lieben und helfen einander. Das Leben wird durch gegenseitige Sympathie der Wesen erhalten, die sich in meinem Herzen als Gefühl der Liebe äußert.

LEO N. TOLSTOI

9. MÄRZ

Wie Glück zu finden ist (3)

Sobald ich begonnen hatte, den Lauf der Dinge in dieser Welt zu begreifen, erkannte ich, dass einzig und allein das Prinzip der gegenseitigen Zuneigung den Fortschritt der Menschheit bedingt. Die gesamte Geschichte ist nichts anderes als die zunehmende Erkenntnis und Anwendung dieses einzigen Prinzips der Solidarität aller Wesen. Die vernünftige Überlegung wird damit durch die Erfahrung der Geschichte und die persönliche Erfahrung bestätigt. Aber abgesehen von der vernünftigen Überlegung findet der Mensch den überzeugendsten Beweis für die Wahrheit dieser Überlegung in seinem inneren Fühlen.

Das größte dem Menschen erreichbare Glück, sein freiester, glücklichster Zustand ist die Selbstverleugnung und die Liebe. Die Vernunft erschließt dem Menschen den einzigen möglichen Weg zum Glück, und sein Fühlen lenkt ihn auf diesen Weg.

LEO N. TOLSTOI

10. MÄRZ

Vertrauen

In einem Krankenhaus lag ein Kind, das operiert werden sollte. Der Vater hatte es ins Krankenhaus gebracht und versuchte, dem Kind Mut zu machen. „Vater", sagte das Kind, „ich habe gar keine Angst, wenn du bei mir bleibst."

Da sagte der Vater: „Gut, ich bleibe bei dir." Der Arzt erlaubte es, und so setzte sich der Vater neben sein Kind. Als das Kind Narkose bekommen sollte, sah es nochmals den Vater an und fragte: „Vater, bist du da?" Dann begann die Narkose zu wirken.

„Nun können Sie gehen", meinte der Arzt, als das Kind eingeschlummert war und die Operation beginnen sollte. „Nein", antwortete der Vater, „ich habe meinem Kind versprochen, bei ihm zu bleiben, und so möchte ich auch bleiben." Die Operation gelang. Als das Kind aus der Narkose erwachte, hielt der Vater noch immer seine Hand. „Vater, du bist da", sagte das Kind ganz leise und lächelte.

VERFASSER UNBEKANNT

11. MÄRZ

Meinen Lasten wachsen Flügel

Vergiss, was dich belastet,
so sagen sie mir,
vergiss deine Sorgen und Ängste,
Enttäuschungen und Verletzungen.

Sie schlagen mir meditative Übungen vor,
bei denen ich mich ganz
auf eine Sache konzentriere
und für kurze Zeit von meinen Lasten frei bin.

Da stelle ich mir vor,
dass meinen Lasten Flügel wachsen
und sie langsam zum Himmel fliegen –
und mit einem Mal muss ich laut lachen
und weiß gar nicht mehr,
was ich eigentlich vergessen wollte.

RAINER HAAK

12. MÄRZ

Die glücklichen Augenblicke

Das Glück besteht mehr in einer allgemeinen Veranlagung des Geistes und des Herzens, das sich dem Glück, so wie es die Natur des Menschen gewähren kann, öffnet, als in einer Vielzahl bestimmter glücklicher Augenblicke im Leben. Es besteht mehr in der Fähigkeit, diese glücklichen Augenblicke aufzunehmen. Es besteht nicht in der Freude, sondern in der spielend leichten Fähigkeit, Freude zu empfangen, in der begründeten Hoffnung, sie zu finden, wann immer man will, in der Erfahrung, dass man keinen allgemeinen Überdruss empfindet an den Dingen, die das Glück der andern ausmachen.

CHARLES DE MONTESQUIEU

Was das Glück zerstört

Es war im alten China. Der große Meister, Meng Tse, stand mit seinem Lieblingsschüler an einem Spielplatz, auf dem die Kinder spielten, als der Schüler wissen wollte: „Wie kommt es, dass alle Menschen glücklich sein wollen und es doch nicht werden!" Meng Tse zeigte auf die spielenden Kinder: „Ich denke, sie sind glücklich."

„Es sind Kinder und sie spielen. Wie ist es aber um das Glück der Erwachsenen bestellt?" – „Wie um das Glück der Kinder – genauso", entgegnete Meng Tse, holte aus dem weiten Ärmel seines Gewandes eine Handvoll Kupfermünzen und warf sie unter die Kinder.

Da verstummte plötzlich das fröhliche Lachen, das Spiel hörte auf, die Kinder stürzten sich auf die Münzen, um sie zu erhaschen. Sie lagen auf dem Boden und rauften um das Geld. Geschrei und Gezeter ertönten.

Meng Tse fragte: „Was hat nun das Glück der Kinder zerstört?" – „Der Streit", erwiderte der Schüler. – „Und was erzeugte den Streit?" – „Die Gier."

„Da hast du die Antwort auf deine Frage, wie es kommt, dass alle Menschen glücklich sein wollen und es doch nicht werden", sagte Meng Tse.

AUS CHINA

Der Weg in die Freiheit

Ein hoher Beamter fiel bei seinem König in Ungnade. Der König ließ ihn im obersten Raum eines Turmes einkerkern.

In einer mondhellen Nacht stand der Gefangene auf der Zinne des Turmes und schaute hinab. Da sah er seine Frau unten stehen. Gespannt blickte der Mann hinunter, um zu erkennen, was seine Frau tat.

Er wartete geduldig auf das, was kommen würde.

Die Frau hatte ein honigliebendes Insekt gefangen und die Fühler des Käfers mit Honig bestrichen. Dann befestigte sie das Ende eines Seidenfadens an dem Käfer und setzte ihn mit dem Kopf nach oben an die Turmmauer. Der Käfer kroch langsam dem Geruch des Honigs nach, immer nach oben, bis er schließlich dort ankam, wo der Gefangene stand. Der Mann war aufmerksam und sah das kleine Tier über die Rampe klettern. Er griff behutsam zu, löste den Seidenfaden und zog ihn langsam und vorsichtig zu sich empor.

Der Faden wurde immer schwerer, und als der Mann ihn ganz heraufgezogen hatte, sah er, dass ein Zwirnfaden daran geknotet war. Auch dieser Faden wurde immer schwerer. An seinem Ende war ein kräftiger Bindfaden festgemacht, an dessen Ende war eine starke Schnur befestigt und daran ein stabiles Seil. Das Seil machte der Mann an einer Turmzinne fest, dann ließ er sich am Seil hinab und war frei. Er ging mit seiner Frau schweigend in die stille Nacht hinein und verließ das Land des ungerechten Königs.

PARABEL

15. MÄRZ

Die kleinen täglichen Wunder

Schau einmal die Wolken an, wie sie ziehen: flüchtige Gebilde, in denen deine Fantasie geheimnisvolle Ungetüme erblickt. Schau auf das Kind, wie es malt. Seine Fantasie zaubert mit farbigen Stiften auf ein kleines Stück Papier eine ganze Welt. Schau auf den alten Mann, der eine Katze streichelt, auf die beiden Verliebten an der Bushaltestelle, auf das Baby, das im Kinderwagen schläft. Und du wirst entdecken, dass in allen Dingen mehr liegt, als man oberflächlich sieht. Freude an den kleinen täglichen Wundern: Das ist der Schlüssel, um jeden Tag ein bisschen glücklich zu sein.

PHIL BOSMANS

16. MÄRZ

Ich liebe diese Stunde

Ich liebe diese Stunde, die anders ist, kommt und geht. Nein, nicht die Stunde, diesen Augenblick liebe ich, der so still ist. Diesen Anfangs-Augenblick, diese Initiale der Stille, diesen ersten Stern, diesen Anfang. Dieses Etwas in mir, das aufsteht, wie junge Mädchen aufsteh'n in ihrer weißen Mansarde. In der weißen Mansarde, in der sie wohnen, seit sie erwachsen sind ...

Nun aber ist die weiße Mansarde das Leben, und wenn man am Morgen an das immer offene Fenster tritt, so sieht man die Welt. Große Bäume sieht man, die immer noch wachsen, Vögel sieht man und große Zweige schwanken von ihrem

Abflug und es ist, als wäre der Wind in einem Tier und in den Stämmen die Stille.

Ich liebe diesen Wind, diesen weiten verwandelnden Wind, der dem Frühling vorangeht, ich liebe das Geräusch dieses Windes und seine ferne Gebärde, die mitten durch alle Dinge geht, als wären sie nicht.

Diese Nacht liebe ich. Nein, nicht diese Nacht, diesen Nachtanfang, diese eine lange Anfangszeile der Nacht, die ich nicht lesen werde, weil sie kein Buch für Anfänger ist. Diesen Augenblick liebe ich, der nun vorüber ist und von dem ich, da er verging, fühlte, dass er erst sein wird.

RAINER MARIA RILKE

17. MÄRZ

Optimisten – seltsame Wesen

Optimisten sind seltsame Wesen. Wenn das Land voller Disteln steht, finden sie immer noch irgendwo eine Blume. Wenn alles verdorrt und zur Wüste geworden ist, sind sie die seltenen Vögel, die eine Oase aufspüren. […]

Optimisten machen sich auf den Weg. Sie sind auf dem Weg zur anderen Seite, zur Sonnenseite. Zu dem Land, wo man leben und überleben kann. Optimisten glauben an die Früchte des Geistes: Liebe, Friede, Freude, Geduld und Treue, Freundlichkeit und Güte. Die Pessimisten haben von diesen Früchten niemals gegessen und sterben, lange bevor sie tot sind. Nur die Optimisten werden überleben!

PHIL BOSMANS

18. MÄRZ

Lichte Augenblicke

Es gibt viele außergewöhnliche Momente für den, der das Glück nicht nur für einen Zufall hält, sondern offen ist für lichte Augenblicke, die uns dem Geheimnis des Lebens ein wenig näherbringen, von Tag zu Tag. Solche Geistesblitze der Seele wünsche dir. Denn das Glück ist nicht nur eine Glückssache.

THOMAS ROMANUS

19. MÄRZ

Ich hab' was zu feiern: den heutigen Tag

Hast du Sorgen? Dann schau in dein Herz hinein, um genau zu sehen, was du für Sorgen hast. Wie wirst du deine Sorgen los? Geh nicht auf die Flucht vor ihnen. Deine Sorgen nisten unter deiner Haut. Sie fliehen mit dir mit. Insgeheim zernagen sie dir alle Lebensfreude. Holst du sie nicht aus ihrem Versteck, dann erwarten sie dich überall.

Wie wirst du deine Sorgen los? Letzten Endes gibt es nur einen Weg: eine gesunde Lebensphilosophie. Gedanken sanieren, Gefühle säubern, nach oben schauen, das Licht suchen. Vom Leben nicht mehr erwarten, als es geben kann. Auf einfache Weise versuchen, glücklich zu sein. Die einfachen Dinge jeden Tag dankbar genießen.

Wir haben was zu feiern: das kleine Stückchen Leben, das wir so einfach bekommen, den heutigen Tag.

PHIL BOSMANS

20. MÄRZ

Momentaufnahmen des Glücks

Manchmal gelingt etwas, wenn wir gerade nicht damit rechnen. In solchen Momentaufnahmen leuchtet ein Glück auf, das uns ganz und gar durchdringt. [...] Zukunft kann gegenwärtig werden, wo wir das Heute als den wichtigsten Tag betrachten. Wenn du einen neuen Tag als eine Einladung annimmst, wirst du Ungeahntes entdecken, das zu leben sich lohnt. Du wirst Gelegenheiten finden zu zeigen, was in dir steckt und darauf wartet, ans Licht zu gelangen.

THOMAS ROMANUS

21. MÄRZ

Ein Augenblick des Glücks kann den ganzen Tag verzaubern

„Ich stehe schrecklich unter Druck. Ich muss mich beeilen, um alles rechtzeitig zu schaffen!“ Wie oft mache ich mir das Leben durch solche Gedanken schwer! Wie oft schaffe ich mein Arbeitspensum gerade deshalb nicht, weil ich mir keine Pause und keine kleine Abwechslung gegönnt habe!

Dabei kann schon eine kurze Pause Wunder wirken: Zeit für einen Spaziergang, die Straße hinunter und wieder zurück, ein Telefongespräch mit dem geliebten Menschen, ein paar Minuten Andacht drüben in der Kirche, ein gemütliches Essen am Abend, eine Stunde Schlittschuhlaufen mit der Tochter oder ein paar Mal Luftholen unten am Hafen.

RAINER HAAK

22. MÄRZ

Wie die Blüte eines Kaktus

Wünsche und kreiere dir kostbare Erlebnisse, in denen du dich von Lebensfreude erfüllt fühlst. Sich von einem geschätzten Menschen verstanden zu wissen oder über die eigene Sichtweise eine neue Klarheit zu gewinnen, gibt dir einen lebendigen Rückhalt. Solche Momente prägen und halten den Glauben an das Gute in uns wach.

So fällt es leichter, Fehler und Schwächen zu akzeptieren und mit eigenen Grenzen zu leben.

Solche Erlebnisse gehen oft schnell vorüber – wie die Blüte eines Kaktus, doch ist ihnen eine geheimnisvolle Kraft inne.

Eine glückliche Situation kannst du nicht wiederholen, aber dich an sie erinnern und eine neue ermöglichen.

THOMAS ROMANUS

23. MÄRZ

Ein Geschenk – einfach so

Alles Wesentliche und wahrhaft Wertvolle im Leben ist ein Geschenk. Das gilt auch für jene Erlebnisse, die uns mit Leib und Seele erfüllen und die wir als Glück erleben. Echte Freude kommt aus dem Herzen, so spontan wie das Leben, einfach so.

Wer auf das große Glück im Leben wartet, wird viele kleine Freuden versäumen.

THOMAS ROMANUS

24. MÄRZ

Tage voller Wunder

Wünsche dir nicht nur wundervolle Zeiten, sondern viele Tage voller Wunder in deinem Leben. Dem Sinn des Lebens kommt näher, wer erfahren hat, dass ein Wunder nichts mit Zauber zu tun hat, sondern dass es stets um einen leisen Wandel geht. Was in allen Veränderungen bleibt und Halt verleiht, ist jene andere Wirklichkeit hinter den Dingen, zu denen wir uns mit einer leisen Sehnsucht stets neu auf den Weg begeben können.

THOMAS ROMANUS

25. MÄRZ

Das Glück in den kleinen, unscheinbaren Dingen

Das „große“ Glück ist äußerst selten. Da kann ich lange warten, ohne ihm zu begegnen. Und ich spürte, wie ich unzufrieden wurde. Der Grund: Ich hatte meinen Blick viel zu sehr auf dieses große Glück gerichtet.

Da entdeckte ich für mich das kleine Glück. Das schenkt mir seitdem an jedem Tag besondere Glücksmomente. Das kleine Glück begegnet mir, wenn ich morgens sehe, wie friedlich meine Kinder schlafen, wenn ich eine schwere Aufgabe löse, wenn die Sonne ins Zimmer scheint, wenn mir ein Lächeln geschenkt wird oder ich etwas dazulerne.

RAINER HAAK

26. MÄRZ

Poesie des Augenblicks

Das Tages- oder Abendlicht schenkt jeder Situation eine eigene Atmosphäre. Jeder Begegnung verleiht es seine leuchtende Aura. Wünsche dir, dass es dich in seiner Vielfalt begleitet, wenn es mit seinen Strahlen seine Gegenwart verkündet, in der etwas von Unendlichkeit aufschimmert. In der Poesie solcher Augenblicke kann dir etwas Unsagbares aus der Seele sprechen, dich schmerzlich und freudig zugleich darauf aufmerksam machen, dass unsere Zeit kurz und vergänglich, das Licht, von dem wir leben, jedoch unfassbar und ewig ist.

THOMAS ROMANUS

27. MÄRZ

Mich erinnern

Ich denke zwischendurch gern einmal zurück an einen besonders glücklichen Augenblick meines Lebens. So ein Glücksmoment zieht meine Gedanken wie magisch an. Schon bald bin ich in einer völlig anderen Welt. Innerlich und vielleicht auch äußerlich beginne ich zu lächeln. Was eben noch so sehr an mir zerrte, ist plötzlich ganz weit weg.

Nach wenigen Minuten kehre ich zurück in meinen Alltag, ruhig, konzentriert und erfrischt. Ich bin dankbar und glücklich und fühle mich sehr lebendig. Glücksmomente können ein innerer Schatz sein.

RAINER HAAK

28. MÄRZ

Augenblicke …

Es gibt Augenblicke, in denen ich nicht sehr gerecht bin: „Das Leben ist anstrengend!“, denke ich dann, oder: „Warum geht es gerade mir so schlecht?“ – „Ich halte das alles nicht mehr lange aus!“ – Ist das wirklich alles, was mir zum Leben einfällt? Bin ich wirklich so unzufrieden? Fällt mir nichts Positiveres ein? Nein, in solchen Augenblicken male ich tatsächlich ein äußerst düsteres Bild vom Leben.

Doch dann wieder gibt es kostbare Momente, in denen ich die ganze Welt umarmen könnte. Ich bin verliebt und sehe alles rosarot. Ich habe einen Erfolg errungen und bin total glücklich …

RAINER HAAK

29. MÄRZ

Mich über Schönes freuen (1)

Wer schon einmal nachts vor lauter Sorgen nicht schlafen konnte, weiß sehr gut, wie zermürbend das sein kann. Und wer sich lange Zeit von seinen Problemen völlig beherrschen ließ, erinnert sich genau, wie gefangen und niedergedrückt er sich fühlte. – Sorgen helfen nicht, Probleme zu lösen und das Leben in den Griff zu bekommen. Im Gegenteil! Sorgen haben die Tendenz, immer größer zu werden und immer mehr Raum zu beanspruchen. Sie nehmen mir die Luft zum Atmen. Sie machen mir das Leben schwer.

RAINER HAAK

30. MÄRZ

Mich über Schönes freuen (2)

Deshalb ist es wichtig, die Sorgen loszulassen. Deshalb ist es wichtig, Abstand von ihnen zu gewinnen. Und deshalb ist es wichtig, sie so oft wie möglich zu vergessen.

Am liebsten vergesse ich meine Sorgen auf diese Weise: Ich begeistere mich so sehr für eine Sache, dass meine Sorgen mir nur noch lächerlich erscheinen. Ich lebe völlig im Augenblick und vergesse alles um mich herum. Oder ich freue mich so sehr über etwas Schönes, dass alles andere plötzlich unwichtig ist.

RAINER HAAK

31. MÄRZ

Wie eine Welle …

Denn nur dem Einsamen wird offenbart,
und vielen Einsamen der gleichen Art
wird mehr gegeben als dem schmalen Einen.
Denn jedem wird ein andrer Gott erscheinen,
bis sie erkennen, nah am Weinen,
dass durch ihr meilenweites Meinen,
durch ihr Vernehmen und Verneinen,
verschieden nur in hundert Seinen
ein Gott wie eine Welle geht.

RAINER MARIA RILKE

APRIL

Spuren des Glücks

Die kleinen Wunder

1. APRIL

Okay, nicht okay (1)

Darf ich Ihnen etwas sagen? Wenn Sie sich selbst erlauben, sich gut zu fühlen, sobald man Ihnen sagt, dass Sie okay sind, schaffen Sie die Voraussetzung dafür, sich schlecht zu fühlen, sobald man Ihnen sagt, dass Sie nicht okay sind. Solange Sie dafür leben, die Erwartungen anderer zu erfüllen, achten Sie darauf, was Sie anziehen, wie Sie sich frisieren, ob Ihre Schuhe geputzt sind – kurz, ob Sie jeder lächerlichen Erwartung entsprechen wollen. Nennen Sie das menschlich?

ANTHONY DE MELLO

2. APRIL

Okay, nicht okay (2)

Und das werden Sie entdecken, wenn Sie sich beobachten: Sie werden entsetzt sein! Der springende Punkt ist, dass Sie weder okay noch nicht okay sind. Sie können höchstens der momentanen Stimmung, dem Trend oder der Mode entsprechen. Heißt das nun, dass Sie okay geworden sind? Hängt Ihr Okay-Sein davon ab? Hängt es davon ab, wie man über Sie denkt? Sie sind nicht ‚okay', und Sie sind nicht ‚nicht okay', Sie sind Sie selbst! Ich hoffe, dass dies eine wichtige Entdeckung für Sie wird. Vergessen Sie das ganze Gerede von okay und nicht okay. Vergessen Sie alle Urteile, und beobachten Sie einfach, schauen Sie zu.

ANTHONY DE MELLO

3. APRIL

Erst mal richtig durchatmen

Der Drang zum Urteilen ist zu groß in uns, als dass wir ihn einfach auslöschen könnten. Sätze wie „Schon wieder der, den kann ich absolut nicht ausstehen, das gibt es doch nicht" und wie sie alle heißen, mit denen wir über Menschen und Dinge urteilen, sind wie ein Reflex, der in uns automatisch ausgelöst wird, wenn wir bestimmten Menschen begegnen oder bestimmte Dinge sehen. Wir sind machtlos. Verstand und Wille kommen da zu spät. Aber wir können uns einen anderen Reflex, eine andere Reaktion auf bestimmte Menschen und Dinge angewöhnen. [...] Man könnte erst einmal ruhig durchatmen und den Drang, gleich ein Urteil parat zu haben, im Atmen loslassen, um dann die Sache klarer und mit der Distanz dieser paar Sekunden sehen zu können.

ANSELM GRÜN

4. APRIL

Leute nehmen, wie sie sind

Wir müssen innerlich ein wenig an uns arbeiten und suchen, milder in unserem Urteil, anspruchsloser in unsern Forderungen zu werden. Wir müssen anfangen, die Leute zu nehmen, wie sie sind, und zur Erleichterung dieser Arbeit immer eingedenk sein, dass es in Nord und Süd, West und Ost immer wieder die alte Geschichte ist, und dass wir selber die Fehler teilen, die wir an andern rügen und verdammen.

THEODOR FONTANE

Die vier Unermesslichkeiten (1)

Es gibt vier Unermesslichkeiten: das Verweilen in der Allgüte, das Verweilen im Mitleid, das Verweilen in der Mitfreude, das Verweilen im Gleichmut. Indem der Mönch in der *Allgüte* verweilt, durchdringt er mit dem mit Allgüte erfüllten Geist erst eine Himmelsrichtung, dann die zweite, dann die dritte, dann die vierte. Und indem er sich selbst in allem und in allen Dingen wiedererkennt, durchdringt er nach oben, nach unten und überall die ganze Welt mit einem von Allgüte erfüllten Geist, einem weit entfalteten, unbeschränkten, befreit von Groll und Übelwollen.

Hat man die Allgüte entfaltet, zur Triebfeder und Grundlage gemacht, gefestigt, zur rechten Vollendung gebracht, so hat man einen elffachen Segen zu erwarten: Man schläft friedlich, erwacht friedlich, hat keine schlimmen Träume, ist den Menschen lieb, ist den Geistern lieb, die Himmelswesen schützen einen. Feuer, Gift und Waffen können einem nichts anhaben. Der verworrene, unruhige Geist sammelt sich, der Gesichtsausdruck klärt sich.

Wie vollzieht sich aber die unbegrenzte, alles durchdringende Erlösung durch Allgüte? In diesen Gedanken: Mögen alle Wesen frei sein von Hass, Bedrückung und Beklemmung! Mögen sie ihr Leben glücklich verbringen! Möge alles, was atmet, alle Geschöpfe, Individuen, frei sein von Hass, Bedrückung und Beklemmung. Ach, möchten alle Wesen glücklich sein, voll Frieden, im Herzen ganz von innerem Glück erfüllt!

AUS DEM BUDDHISMUS

Die vier Unermesslichkeiten (2)

Indem der Mensch im *Mitleid* verweilt, durchdringt er mit einem von Mitleid erfüllten Geist erst eine Himmelsrichtung, dann die zweite, dann die dritte, dann die vierte. Und indem er sich in allem und in allen Dingen wiedererkennt, durchdringt er nach oben und unten, überall die ganze Welt mit einem von Mitleid erfüllten Geist, einem weiten, entfalteten, unbeschränkten, und ist frei von Groll und Übelwollen.

Indem der Mensch in der *Mitfreude* verweilt, durchdringt er mit einem von Mitfreude erfüllten Geist erst eine Himmelsrichtung, dann die zweite, dann die dritte, dann die vierte. Und indem er sich selbst in allem und in allen Dingen wiedererkennt, durchdringt er nach oben und unten, überall die ganze Welt mit einem von Mitfreude erfüllten Geist, einem weiten, entfalteten, unbeschränkten, und ist frei von Groll und Übelwollen.

Indem der Mensch im *Gleichmut* verweilt, durchdringt er mit einem mit Gleichmut erfüllten Geist erst eine Himmelsrichtung, dann die zweite, dann die dritte, dann die vierte. Und indem er sich selbst in allem und in allen Dingen wiedererkennt, durchdringt er nach oben und unten, überall die ganze Welt mit einem von Gleichmut erfüllten Geist, einem weiten, entfalteten, unbeschränkten, und ist frei von Groll und Übelwollen.

[...] Hat er diesen Verweilungszustand vollkommen erfüllt, strebt er nach der Entfaltung des Mitleids, danach der Mitfreude, danach des Gleichmuts. Und mit diesen vier Unermesslichkeiten übt er die vier Versenkungsstufen.

AUS DEM BUDDHISMUS

7. APRIL

Osternacht

Wie oft habe ich die Osternacht der östlichen Kirche mitgefeiert. Wen es nicht im Innersten trifft „wie ein Blitz“, wenn der Priester in der Mitte der Nacht mit brennender Kerze aus dem Sanktuarium tritt, wenn er singend verkündet: „Christus ist auferstanden!“, und die Gläubigen ihm antworten: „Er ist in Wahrheit auferstanden!“, wem das nicht durch und durch geht, der ist wie ein Abgestorbener, sein Herz weiß nichts mehr vom Leben. In Minutenschnelle entzündet sich eine Kerze an der andern. Jetzt, zur dunkelsten Stunde des Tages, durchbrandet ein Lichtermeer die Kirche, den Vorplatz. Die Menschen umarmen und küssen sich, als seien sie alle Brüder und Schwestern. Sie sind es in diesem Augenblick in Wahrheit.

RICHARD WOLF

8. APRIL

Das Lächeln des Herzens

Solange das Herz nicht auf den richtigen Ton gestimmt ist, wird es nicht glücklich sein. Das innere Lächeln, das sich im Ausdruck eines Menschen zeigt, in seiner Atmosphäre, das gehört zum Glück. Wenn die Stellung und der Wohlstand des äußeren Lebens verloren gehen, so kann das innere Glück doch nicht weggenommen werden.

HAZRAT INAYAT KHAN

9. APRIL

Menschlich sein

Es gibt Menschen, die das erreicht haben, was ich „menschlich sein" nenne. Lassen Sie den Unsinn, wie eine Marionette einmal hierhin und einmal dorthin gezogen zu werden. Lassen Sie sich nicht von dem, was passiert, oder anderen Leuten vorschreiben, wie Sie empfinden sollen. Sie fühlen, wie man es von Ihnen erwartet, und nennen es „verwundbar sein". Für mich heißt das: „eine Marionette sein". Möchten Sie eine Marionette sein? Ein Druck auf den Knopf, und Sie liegen am Boden; gefällt Ihnen das? Doch wenn Sie sich weigern, sich mit einem jener Etiketten zu identifizieren, werden die meisten Ihrer Sorgen bald ein Ende haben.

ANTHONY DE MELLO

10. APRIL

Was der Alltag verschweigt

Wenn du heute zur Ruhe kommst, findest du nicht nur neue Kraft. Du wirst auch die Stille hören, die dich dann umgibt und Balsam für die Seele ist – eine Stille, die von etwas spricht, wofür sich nur selten Worte finden lassen –, eine Stille, die uns der wahren Mitte des Daseins näherbringt. Solche Erlebnisse verwandeln, berühren den Sinn des auch eigenen Lebens, ohne ihn endgültig finden zu können. Sie geben eine Ahnung, wo das wahre Glück zu Hause ist. – Was uns der Alltag verschweigt, sagt uns die Stille.

THOMAS ROMANUS

Die Schale eines jeden Herzens

Eine alte Geschichte erzählt uns von einem König, der einem Derwisch einen Wunsch erfüllen wollte. Der Derwisch wünschte sich, dass man seine Bettelschale mit Goldmünzen füllen möge. Der König hielt es für die leichteste Sache der Welt, die Schale zu füllen. Aber die Schale erwies sich als eine Zauberschale. Als er versuchte, sie zu füllen, wurde sie nicht voll. Je mehr Geld hineingeschüttet wurde, desto leerer wurde sie. Der König war sehr enttäuscht und entmutigt bei dem Gedanken, dass er diese Schale nicht füllen könne. Da sagte ihm der Derwisch: „Majestät, wenn Sie meine Schale nicht füllen können, so sagen sie es nur, und ich werde sie wieder mit mir nehmen. Ich bin ein Derwisch und werde wieder gehen und werde nur denken, dass Sie Ihr Wort nicht gehalten haben."

Der König fragte: „Derwisch, erzähle mir von dem Geheimnis deiner Schale. Es gibt einen Zauber darin, erzähle mir das Geheimnis." Der Derwisch antwortete: „Ja, Majestät, es ist wahr, was Sie erkannt haben, es ist eine Zauberschale. Es ist die Schale eines jeden Herzens. Es ist das Herz des Menschen, das niemals zufrieden ist. Füllen Sie es, womit Sie wollen, mit Reichtum, mit Aufmerksamkeit, mit Liebe, mit Wissen, mit allem, was es gibt. Es wird niemals gefüllt sein, denn es ist ihm nicht bestimmt, gefüllt zu werden. Weil er dies Geheimnis des Lebens nicht kennt, strebt der Mensch beständig nach allen Dingen, die er vor sich sieht. Und je mehr er bekommt, desto mehr wünscht er sich, und die Schale seines Verlangens wird niemals gefüllt."

HAZRAT INAYAT KHAN

Ohne Ballast

Ein Mensch war unterwegs zum Land seiner Sehnsucht. Es war eine lange und beschwerliche Reise. Endlich kam er an einen breiten Fluss. Er wusste: Drüben, am andern Ufer, liegt das Land der Herrlichkeit – und er konnte es kaum erwarten hinüberzukommen.

Der Mensch fand einen Fährmann mit seinem Boot, der bereit war, ihn so schnell wie möglich überzusetzen. „Aber", sagte er, „du musst dein Gepäck hier lassen. Ich nehme nur die Menschen mit ohne allen Ballast." Der Reisende erschrak sehr, und es schien ihm unmöglich, alle die Dinge, die er angesammelt hatte, die er liebte, die er für lebensnotwendig hielt, die er auf seiner weiten Reise mühsam bis hierher geschleppt hatte, einfach abzulegen und am Ufer des Flusses zurückzulassen.

„Alles?", fragte der Mensch, hoffend, doch ein wenig von seiner Habe mitnehmen zu können. „Alles. Ich nehme nur dich mit, ohne dein Gepäck, oder du bleibst hier mit deinen Sachen. Entscheide dich", antwortete ernst der Fährmann.

ALTE SAGE

13. APRIL

... fast immer fröhlich

Einige Menschen sind fast immer fröhlich. Sie freuen sich auch über Kleinigkeiten, über das Lächeln einer Verkäuferin, über einen kleinen Spaziergang, über einen Fensterplatz in der Straßenbahn, über ein paar Minuten Sonnenschein, über eine freundliche Stimme am Telefon. Wenn ich sie ansehe, freue ich mich mit.
Andere Menschen erleben vielleicht genau dasselbe, aber sie sind schlecht gelaunt, klagen über das Leben und die Mitmenschen. „Warum freut ihr euch nicht?“, könnte ich sie neugierig fragen. Die Antwort lautete wahrscheinlich: „Ich sehe keinen Grund zur Freude.“ Und mir wird wieder einmal deutlich, wie wichtig im Leben der richtige Blickwinkel ist.

RAINER HAAK

14. APRIL

Suche nach Harmonie

Im Hintergrund der ganzen Schöpfung ist Harmonie, und das Geheimnis der ganzen Schöpfung ist Harmonie. Was der Mensch Glück, Wohlbehagen, Gewinn nennt, alles, wonach er sich sehnt und was er sich wünscht, ist, Harmonie zu erlangen. Niemand, in welchem Abschnitt seines Lebens er auch ist, wünscht sich Disharmonie, denn alles Leiden, alle Schmerzen und Sorgen sind Mangel an Harmonie.

HAZRAT INAYAT KHAN

15. APRIL

Mit sich selbst im Frieden

Mir wird allemal wohl, wenn ich einen Menschen finde, der dem Lärm und dem Geräusch immer so aus dem Wege geht und gerne allein ist. Der, denke ich denn, hat wohl ein gutes Gewissen; er lässt die schnöden Linsengerichte stehen und geht vorüber, um bei sich einzukehren, wo er bessere Kost hat und einen Tisch immer gedeckt findet. […] Selig ist nur der Mensch, der mit sich selbst in Friede ist und unter allen Umständen frei und unerschrocken auf und um sich sehen kann! Es gibt auf Erden kein größeres Glück.

MATTHIAS CLAUDIUS

16. APRIL

Wie ich und doch ganz anders

So viele Menschen kenne ich, und doch sind sie alle verschieden. Sie haben unterschiedliche Träume und Pläne, Ansichten und Meinungen. Sie sind verschieden begabt, und jeder von ihnen hat andere Erfahrungen in seinem Lebensgepäck. […]

Ich empfinde diese Vielfalt als großen Reichtum, für den ich dankbar bin. Wir können uns gegenseitig ergänzen und herausfordern. Wir können uns unterstützen und ermutigen. Und jede Begegnung kann eine aufregende Entdeckung sein: ein Mensch wie ich und doch ganz anders.

RAINER HAAK

17. APRIL

Ein lebhaftes Verlangen

Was wir beim Anblick einer Landschaft oder von etwas anderem, das undeutliche und unbestimmbare Vorstellungen und Gedanken in uns weckt, empfinden, ist, so erfreulich es sein mag, doch ein Glück, das wir nicht festzuhalten vermögen; alles, was fest umrissen und bestimmt ist, kann uns bei weitem nicht so beglücken wie das, was uns infolge seiner Unbestimmbarkeit stets unbefriedigt lässt.

GIACOMO LEOPARDI

18. APRIL

Sei, der du bist (1)

Wünschen wir uns nicht manchmal, wir könnten woanders sein als da, wo wir sind, oder ein anderer sein als der, der wir sind? Wir neigen dazu, uns selbst immer wieder mit anderen zu vergleichen, und fragen uns, warum wir nicht so reich, so intelligent, so bescheiden, so großzügig oder auch so fromm und gläubig wie der eine oder die andere sind. Solche Vergleiche wecken ein Gefühl von Schuld, Scham oder Neid.

HENRI NOUWEN

19. APRIL

Sei, der du bist (2)

Es ist sehr wichtig zu erkennen, dass das, wozu wir berufen sind, dort verborgen ist, wo wir sind, und in dem, der wir sind. Wir sind einzigartige, nicht austauschbare menschliche Wesen. Jede(r) Einzelne hat eine Berufung, etwas im Leben zu verwirklichen, was kein(e) andere(r) sonst vermag, und es in der konkreten Situation des Hier und Heute zu vollbringen.

Durch Vergleichen, ob wir besser oder schlechter als andere sind, werden wir nie zu unserer Berufung finden. Wir sind gut genug, das zu tun, was uns zu tun aufgetragen ist. Sei, der du bist!

HENRI NOUWEN

20. APRIL

Wurzeln sieht man nicht

Wurzeln, die tief in der Erde den Baum aufrecht halten und nähren, sieht man nicht. Menschen, die an den Fundamenten arbeiten, damit das Haus erhalten bleibt, sieht man auch nicht; aber sie sind wichtiger als Menschen, die ständig mit der Fassade beschäftigt sind, damit sie vom großen Publikum ja nicht übersehen werden.

PHIL BOSMANS

21. APRIL

Himmel oder Hölle

Zum Leben brauchst du Luft. Wenn dir die Luft zum Atmen und der Raum zum Leben geraubt werden, musst du dich wehren und dein Recht fordern, dein Recht auf menschenwürdiges Leben. Aber wenn du überall Feinde siehst, wenn sich dein Herz verfinstert und wenn es anfängt zu hassen, dann geht die Tür zur Hölle auf. In deinem Herzen kann der Himmel wohnen. Aber du kannst in deinem Herzen auch die Hölle einrichten.

PHIL BOSMANS

22. APRIL

Angst lähmt

Manchmal leidet ein Mensch am meisten an dem Leid, von dem er fürchtet, es könnte kommen, während es in Wirklichkeit doch nicht kommt. So hat ein Mensch mehr Leid zu tragen, als ihm zu tragen aufgegeben wird.

Angst macht krank. Sie macht meistens mehr krank als das, was man befürchtet. Angst verbraucht Energie. Sie lähmt heute die Kräfte, die man morgen nötig hätte, um das Unglück durchzustehen.

PHIL BOSMANS

23. APRIL

Eure Freundlichkeit …

Ich weiß gar nicht mehr, wie es zu diesem Abend kam. Ich wohnte einige Tage lang in eurem Dorf bei euren Nachbarn, Verwandten von mir. Und dann, am späten Nachmittag war es, saß ich mit euch zusammen in der Diele um den alten, schweren Eichentisch. Jung und alt war da beieinander, gute Freunde und Nachbarn und Fremde wie ich. Nein, fremd war ich nicht – keinen Augenblick lang. Ihr habt mich sofort fühlen lassen, dass ich dazugehöre, dass ich mitreden darf und mitsingen und mittanzen. Wenn ich zurückdenke, spüre ich eure Freundlichkeit, rieche das Feuer im Kamin, höre eure Lieder und sehe den alten, schweren Eichentisch, an dem ich so gern wieder einmal sitzen würde.

RAINER HAAK

24. APRIL

Zeichen und Spuren

Wünsche dir nicht, dass du immer so bleiben mögest, wie du bist. Erst wenn du dich bewegst, kannst du etwas verändern und ins Fließen bringen.

Es bleibt nur bestehen, was sich wandelt. Nur wer sich ändert, bleibt sich treu. Es findet zu sich selbst, wer sich zu wandeln bereit ist. Erst im Wandel zeigt sich, was unveränderlich und unfassbar bleibt hinter allen Zeichen und Spuren.

THOMAS ROMANUS

25. APRIL

Ab und zu etwas tun, was verboten ist

Ich halte mich an die Gesetze. Ich versuche, zu jedem freundlich zu sein. Ich bin hilfsbereit und halte meine Versprechen. Doch manchmal, so muss ich gestehen, begehre ich gegen die vielen Regeln, Vorschriften, Gesetze und Paragraphen auf. Manchmal ignoriere ich das kleine rote Männchen, wenn weit und breit kein Auto zu sehen ist. Ich ignoriere das Schild: „Zutritt verboten" vor dem Eingang des Veranstaltungszentrums und schlendere zum Empfang für die Prominenten. Ich benutze die Kundentoilette, obwohl ich kein Kunde bin, und manchmal singe ich nachts auf der Straße, obwohl das ganz bestimmt auch verboten ist.

RAINER HAAK

26. APRIL

Geschenke annehmen

Wo Freizeit einen so hohen Stellenwert einnimmt wie in unserer Wohlstandsgesellschaft, sind wir oft in Gefahr, das vielgesuchte Glück in organisiertem Vergnügen und konsumfertiger Unterhaltung zu suchen. Doch echte Freude kommt nicht aus passivem Genuss, sondern aus aktivem Erleben, das uns als ganzen Menschen mit wachsamen Sinnen fordert. Keine oberflächliche Zerstreuung kann das tiefe Glück einer gelungenen menschlichen Begegnung ersetzen.

Nur das, worauf wir keinen Anspruch erheben, kann uns wirklich ansprechen. Gelungene Ereignisse können wir nicht einfordern wie einen Arbeitslohn oder einklagen wie ein festgeschriebenes Recht.

Wünsche dir, dass du Geschenke anzunehmen und zu entdecken verstehst. So bist du dem Wesen des Glücks ganz nah.

Unser Zusammenleben mit unseren Mitmenschen glückt nur dann, wenn wir uns nicht gegenseitig für unser Glück verantwortlich machen.

THOMAS ROMANUS

27. APRIL

Die kleinen Wunder

Als Kind habe ich mich immer schon lange vorher auf meinen Geburtstag und auf Weihnachten gefreut. Schließlich gab es da Geschenke, die mein Herz höherschlagen ließen. Manchmal hatte ich sogar Stress mit meinen Eltern, weil meine Wünsche das normale Maß überstiegen. Auch als Erwachsener waren meine Wünsche manchmal äußerst groß. Ich erwartete vom Leben lauter große Geschenke. Ich erwartete Wunder und Überraschungen und verlor dabei jedes Maß. Ich erhoffte mir immer größere Erfolge, wunderbare Überraschungen und unermessliches Glück.

Irgendwann wurde mir deutlich, dass ich so nur unglücklich werde. Da begann ich, auch die alltäglichen, kleinen Wunder und Überraschungen zu beachten und mich über sie zu freuen. Und das, was wie ein Rückschritt aussah, stellte sich als mein Glücksfall heraus: Denn erst jetzt erfahre ich täglich, wie wunderbar und reich das Leben ist.

RAINER HAAK

Feiern verbinden uns mit unseren Wurzeln

Der Mensch durchbricht in der Feier bewusst seinen Alltag, um ihn dann wieder neu bewältigen zu können. In der Feier trinkt er von der Quelle des Lebens. Da taucht er ein in das eigentliche Geheimnis seines Lebens, das sich im Anlass des Festes darstellt: etwa in der Geburt eines Menschen, in seiner Hochzeit oder in wichtigen Ereignissen aus der Geschichte seines Volkes.

Ein Fest verbindet den Menschen mit seinen Wurzeln, aus denen er lebt. C. G. Jung meint, die Verbindung der „Gegenwart mit der historischen und mythischen Vergangenheit", wie sie die Feste des Kirchenjahres vollziehen, sei für den Menschen gesund. Es mache ihn eins mit sich selbst, lasse ihn teilnehmen am Strom des Lebens. Wenn sich ein Mensch von seiner eigenen Vergangenheit abschneidet, seine Erinnerungen verdrängt und gesichtslos lebt, wird er krank, oft genug depressiv (Harvey Cox). Die Erinnerung blickt zwar in die Vergangenheit, eröffnet aber zugleich neue Horizonte für die Zukunft. Sie zeigt uns, wozu auch wir fähig sind.

So ist das Festefeiern lebensnotwendig, es schenkt uns die Kraft, die wir brauchen, um unser Leben zu meistern. Aber wir können nicht beliebig Feste feiern. Ein eigentliches Fest ist nur, wenn wir davon leben können, wenn etwas zur Sprache kommt, das uns eine neue Sicht unserer selbst und unseres Lebens, ein neues Daseinsgefühl schenkt.

ANSELM GRÜN

Vollkommen

„Erleuchtet ist", sagte der Meister, „wer erkennt, dass alles in der Welt so, wie es ist, vollkommen ist."

„Wie verhält es sich mit dem Gärtner?", fragte jemand. „Ist er auch vollkommen?"

Der Klostergärtner war ein buckeliger Mann.

„Für das, was ihm im Leben bestimmt ist", erwiderte der Meister, „ist der Gärtner ein vollkommener buckeliger Mann."

***

Der Gedanke, dass alles in der Welt vollkommen ist, überstieg das Maß dessen, womit die Schüler einverstanden sein konnten. So fasste es der Meister in Begriffe, die ihrem Verständnis besser entsprachen.

„Gott webt vollkommene Muster mit den Fäden unseres Lebens", sagte er, „sogar mit unseren Sünden. Der Grund, warum wir dies nicht erkennen, liegt darin, dass wir die Rückseite des Teppichs betrachten."

Und noch prägnanter: „Was manche Leute für einen glänzenden Stein halten, erkennt der Juwelier als einen Diamanten."

ANTHONY DE MELLO

30. APRIL

Sorgen halbieren, Glück verdoppeln

Schenke dir das Glück, Humor zu haben, mit dem du das Leben ernst nehmen, aber dennoch einen Spaß verstehen kannst. Eine Heiterkeit der Seele, die dich den richtigen Abstand zu allem und jedem finden lässt, auch zu dir selbst.

Wenn du dich selbst nicht ganz so wichtig nimmst, wirst du verstehen, worauf es wirklich ankommt.

Du brauchst nicht perfekt zu sein, wirklich nicht. Mit viel Gelassenheit kann dir vieles glücken, ohne dass du dich krampfhaft für ein unerreichbares Ideal abmühst.

THOMAS ROMANUS

MAI

Die richtigen Schlüssel kennen

Es gibt keinen Fahrstuhl zum Glück –
man muss die Treppe nehmen

1. MAI

Mit welchem Auge man sieht

Das Gefühl „dies musst du seh'n" hab ich nie, wenn nicht die Dinge entweder billig und bequem zu haben sind oder meinen ganz speziellen Zwecken dienen. Das Wichtigste hat man aber, beinahe ausnahmslos, immer ganz billig; denn das Wichtigste ist doch immer das, was sozusagen auf der Straße liegt. Über die Piazza del Popolo oder den Korso fahren, den Vatikan und die Peterskirche sehen, durch das Kolosseum schreiten und auf dem *Forum romanum* unter Trümmern Ausschau halten, kostet zunächst gar nichts. – Es kommt nicht auf die Masse des zu Sehenden und kaum auf die Bedeutung des einen oder andern an, sondern lediglich darauf, mit welchem Auge man sieht. Es darf nicht trübe sein ...

THEODOR FONTANE

2. MAI

Optimismus – Pessimismus

Optimismus ist eine hoffnungsvolle Haltung dem Leben gegenüber, während der Pessimist den eigenen Pfad im Dunkeln sieht. Ohne Zweifel ist im Pessimismus auch Gewissenhaftigkeit und Klugheit enthalten. Aber Gewissenhaftigkeit allein ist niemals genug, um die Schwierigkeiten des Lebens zu überwinden. Es ist das Vertrauen, das die Probleme löst.

Die psychologische Wirkung des Optimismus hilft, Erfolg zu haben; denn Gott hat die Welt aus dem Geist des Optimismus geschaffen. Optimismus kommt von Gott, Pessimismus wird im Herzen des Menschen geboren. Das Leben ist eine Gelegenheit. Für den optimistischen Menschen ist diese Gelegenheit ein Versprechen, während sie für den pessimistischen ein Verlust ist.

HAZRAT INAYAT KHAN

3. MAI

Gesundheit durch gute Gedanken

Gedanken sind nicht nur Gedanken; sie streben danach, sich zu verwirklichen. So stecken in jedem Gedanken ein Keim und eine Kraft für Entwicklung und Veränderung. Sie gehen mit Gefühlen einher und bestimmen unser Handeln. Gedanken treiben uns an oder lassen uns vermeiden. Gedanken machen gesund oder krank.

Was es braucht, ist, damit zu beginnen, uns zu erkennen in dem, was wir denken. Was sind das für Gedanken am Morgen, wenn ich das Geräusch des Weckers wahrnehme? Erlebe ich es dankbar als Hilfe, als liebevolle Aufforderung, den Tag, der auf mich wartet, nicht zu versäumen, ihn für mich zu nutzen? Oder erleide ich einen Höllenlärm, der mich wieder – wie fast täglich – aus der Geborgenheit des Schlafes reißt, rücksichtslos, rabiat? Was denke ich, wenn mir Gutes widerfährt? Denke ich: Das kann nicht sein, ein Zufall, ich habe es gar nicht verdient? Oder freue ich mich, weil mir etwas zuteil geworden ist, das wie für mich geschaffen ist? Was denke ich, wenn mir „Schlechtes" widerfährt? Was denke ich den ganzen lieben Tag lang?

SASCHA VEITL

Niemanden ändern wollen

Das Danken für den Mitmenschen ist nicht bloß für uns eine Hilfe, den anderen lieben zu lernen, es ist vielmehr auch ein Segen für den anderen. Die Erfahrung zeigt, dass schwierige, ja feindselige Mitmenschen sich positiv verändern können, wenn man anfängt, für sie zu danken. Wenn wir auf ihre Feindseligkeiten, auf ihre Sticheleien und Aggressionen selber aggressiv reagieren, so entsteht ein heilloses Durcheinander. Die Beziehungen werden hoffnungslos verfahren. Und es geht nur noch darum, wer mit seinen Sticheleien die Oberhand gewinnt und Sieger bleibt. Im Danken verlassen wir die Ebene von Sieg und Niederlage, die Ebene, auf der Aggression mit Aggression, Ablehnung mit Ablehnung beantwortet wird. Wenn ich Gott für einen anderen danke, dann verzichte ich darauf, auf seine negativen Verhaltensweisen negativ zu reagieren. [...]

Wenn ich den anderen im Danken annehme, so ermögliche ich es ihm, nun sich selbst anzunehmen. Denn oft ist er ja nur deswegen zu mir so stachelig und feindselig, weil er sich selbst nicht annehmen kann, weil er seine Fehler und Schwächen auf mich projiziert und sie bei mir bekämpft. Feindschaft entsteht ja zumeist aus der Projektion der eigenen Schattenseiten in den anderen. Letztlich bekämpft man immer sich selber im andern. Das Danken ermöglicht es dem andern, seine Projektion zurückzunehmen. Wenn er sich angenommen fühlt, kann er sich selbst mit seinen Schattenseiten annehmen und braucht sie nicht mehr in mir zu bekämpfen.

ANSELM GRÜN

Hier, wo man steht

Eisik, Sohn Jekels in Krakau, war nach Jahren schwerer Not, die sein Gottvertrauen nicht erschüttert hatten, im Traum befohlen worden, in Prag unter der Brücke, die zum Königsschloss führt, nach einem Schatz zu suchen.

Als der Traum zum dritten Male wiederkehrte, machte sich Eisik auf und wanderte nach Prag. Aber an der Brücke standen Tag und Nacht Wachtposten, und er getraute sich nicht zu graben. Doch kam er an jedem Morgen zur Brücke und umkreiste sie bis zum Abend.

Endlich fragte ihn der Hauptmann der Wache, auf sein Treiben aufmerksam geworden, ob er hier etwas suche oder auf jemand warte. Eisik erzählte, welcher Traum ihn aus fernem Land hergeführt habe. Der Hauptmann lachte: „Und da bist du armer Kerl auf deinen zerfetzten Sohlen einem Traum zum Gefallen hergepilgert! Ja, wer den Träumen traut! Da hätte ich mich ja auch auf die Beine machen müssen, als es mir einmal im Traum befahl, nach Krakau zu wandern und in der Stube eines Juden, Eisik, Sohn Jekels, sollte er heißen, unterm Ofen nach einem Schatz zu graben. Eisik, Sohn Jekels! Ich kann's mir vorstellen, wie ich drüben, wo die Hälfte der Juden Eisik und die andere Jekel heißt, alle Häuser aufreiße!" Und er lachte wieder.

Eisik verneigte sich, wanderte heim, grub den Schatz aus und baute das Bethaus, das Reb-Eisik-Sohn-Jekel-Schul heißt.

ELIE WIESEL

6. MAI

Sauberes Wasser und ein Dach ... (1)

Das Glück hat viele Ebenen. Ich stelle mir das Glück als ein harmonisches Zusammenspiel von innerem Frieden im Herzen des einzelnen Menschen und von äußerem Weltfrieden unter den Völkern vor. Und ich wünsche mir möglichst großen Wohlstand für alle Erdbewohner. Armut und Elend bringen kein glückliches Leben. Man muss seine Grundbedürfnisse befriedigen können, man braucht zu essen, sauberes Wasser und ein Dach über dem Kopf. Das gilt für alle Kulturen.

DALAI LAMA

7. MAI

Sauberes Wasser und ein Dach ... (2)

Mancher meint, dass Menschen, die in Saus und Braus leben und ohne große Anstrengungen ihre Tage genießen, ein wirklich glückliches Leben führen. Aber Reichtum ist keine Garantie für das Glück. Oft wachsen mit dem Geld auch die Sorgen. Je mehr man besitzt, desto mehr kann man auch verlieren. Kaum hat man etwas erworben, schon ängstigt man sich vor dem Verlust. Wer sich aus purer Habgier etwas kauft, wird bald merken, dass es andere gibt, die noch mehr besitzen. Man kommt auf diesem Weg nie zur Ruhe.

DALAI LAMA

8. MAI

Sauberes Wasser und ein Dach ... (3)

Es gibt zwei Arten, Glück und Leid zu erfahren, auf der geistigen und auf der körperlichen Ebene. Ich glaube, dass die geistige Ebene ausschlaggebend ist. Daher scheint es mir so wichtig zu sein, dass wir unseren Geist üben. So können wir dem Unglück mit größerer Gelassenheit begegnen und für das Glück empfänglicher werden.

DALAI LAMA

9. MAI

Seelenfrieden

Die meiste Zeit bin ich recht fröhlich. Ich selbst glaube, dass dies das Ergebnis meiner eigenen Entwicklung und Übung ist. In meinem bisherigen Leben habe ich mein Land verloren und war völlig auf das Wohlwollen anderer angewiesen. Ich habe auch meine Mutter verloren, und die meisten meiner Lehrmeister sind verstorben, obwohl ich mich glücklich schätzen kann, inzwischen auch einige neue gefunden zu haben. Natürlich sind dies alles tragische und tief in das Leben eingreifende Ereignisse, und ich empfinde große Trauer, wenn ich über sie nachdenke. Aber dennoch fühle ich mich von dieser Trauer nicht überwältigt oder niedergeschlagen. Alte Gesichter treten in den Hintergrund und neue, unbekannte erscheinen, aber ich erhalte mir mein Glücklichsein und meinen inneren Seelenfrieden.

DALAI LAMA

Schlüssel zur Harmonie

Von einem weisen Heiler wird folgende Geschichte erzählt. Eine Frau kam zu ihm und fragte: „Können Sie mir sagen, was ich tun soll? Ich habe Schwierigkeiten mit meinem Mann. Jeden Tag gibt es zu Hause Streit." Er erwiderte: „Das ist einfach." – „Ich wäre Ihnen so dankbar", sagte sie. – „Ich gebe Ihnen diese Süßigkeiten. Behalten Sie sie im Mund, wenn Ihr Mann heimkommt, und alles wird wieder gut werden. Es sind magnetisierte Süßigkeiten." Sie nahm sie und stellte fest, dass es keinen Streit mehr gab. Nach zehn Tagen waren die Süßigkeiten aufgebraucht.

Da ging sie wieder zum Heiler und sagte: „Ich gebe Ihnen, was Sie wollen, wenn Sie mir nur noch mehr von jenen Süßigkeiten geben. Sie sind wunderbar." Da antwortete der Lehrer: „Nachdem Sie zehn Tage von diesen Süßigkeiten gegessen haben, sollten Sie verstehen, dass Ihr Mann, nachdem er sich den ganzen Tag abgemüht hat, nervös und müde ist, wenn er heimkommt. Natürlich ist er nicht ‚in Stimmung', und dies haben Sie durch Ihr Reden verschlimmert. Als Sie still waren, gab es nichts, um darüber zu streiten, und Ihr Heim wurde harmonischer. Dies sollte Sie lehren, dass Schweigen ein Schlüssel zur Harmonie ist."

HAZRAT INAYAT KHAN

11. MAI

Das schönste Geschenk (1)

Ich kenne viele Menschen und die Geheimnisse vieler Menschen. Aber keine zwei Menschen sind gleich. Jeder ist eine Welt für sich, deren tiefster Kern anderen fremd bleibt. Darum entstehen zwischen den Menschen fast unvermeidlich Reibungen, Spannungen, Zusammenstöße. Nur wenn ich begriffen habe, dass der andere anders ist, und wenn ich bereit bin zu vergeben, ist Zusammenleben möglich.

PHIL BOSMANS

12. MAI

Das schönste Geschenk (2)

Hast du Frieden, Frieden mit deiner Familie, deiner Nachbarschaft, deinen Arbeitskolleginnen und -kollegen? Oder hat es Streit gegeben? Sind da Menschen, die dich geärgert, die dir Unrecht getan und dich tief verletzt haben? Vielleicht der eigene Mann, die eigene Frau? Der Sohn oder die Tochter? Dann ist in deinem Innersten eine große, offene Wunde.

Ich möchte dich um etwas bitten, was sehr schwer ist: Schenk Vergebung! Sag nicht: „Das ist unmöglich. Ich habe für den anderen alles gemacht und getan und alles gegeben. Jetzt ist Schluss.“ Ach, du hast noch nicht alles gegeben. Du gibst erst alles, wenn du Vergebung schenkst. Vergebung ist die schönste Gabe. Sie ist ein göttliches Geschenk. In der Vergebung schließen sich die Wunden, Liebe blüht auf.

PHIL BOSMANS

13. MAI

Haltepunkte auf dem Weg

Auf meinem Lebensweg brauche ich Haltepunkte, an denen ich Bilanz ziehen kann, zurückschauen, prüfen, planen, mich orientieren, nach vorne blicken. Ich brauche Freudenfeste genauso wie Trauertage. Ich brauche Krisenzeiten und besondere Erfolge. Ich brauche Feiertage zwischen den Alltagen, stille Tage und Vorbereitungstage, Tage des Kennenlernens und des Abschieds. Ich brauche die Haltepunkte, um stehen zu bleiben, Atem zu holen und neu anzufangen.

RAINER HAAK

14. MAI

Segenswunsch

Ein Schüler, der nach Jahren der Lehre in die Welt hinausziehen wollte, bat seinen Meister um seinen Segen. Der Meister legte seine rechte Hand auf die Schulter des Schülers und sagte: „Du sollst immer genügend Sorgen haben." Erstaunt sah der Schüler den Lehrer an und fragte ihn, was er ihm denn getan hätte, dass er ihm für die Zukunft Sorgen statt Glück und Segen wünsche.

„Deine Frage, mein Schüler, ist auch ein Zeichen dafür, dass du die Erleuchtung noch nicht erlangt hast. Denn ich sagte dir nichts anderes, als dass du dich immer der schönsten Gabe und des größten Glücks, nämlich deiner Gesundheit, erfreuen sollst. Denn sieh, der gesunde Mensch hat immer viele Sorgen. Der Kranke dagegen hat nur eine Sorge, nämlich die, gesund zu werden."

NORBERT LECHLEITNER

Seltsames Menschenleben

Das Menschenleben ist so seltsam, so unbegreiflich. Es gibt Tage, da scheint die Sonne. Du weißt nicht warum. Du bist zufrieden. Du siehst die schönen Seiten des Lebens. Du freust dich, du bist dankbar. Deine Arbeit läuft gut. Alle sind freundlich zu dir. Du weißt nicht warum. Vielleicht hast du gut geschlafen, Anerkennung erlebt, Erfolg, Geborgenheit. Wenn diese Zeit doch nie aufhörte!

Aber auf einmal verändert sich alles. Es ist, als ob eine übergroße Sonne die Wolken anzieht. Eine unerklärliche Traurigkeit kommt über dich. Dir fällt alles schwer, du siehst alles schwarz. Du meinst, dass die anderen dich nicht mehr mögen. Du beklagst dich über Kleinigkeiten, machst Vorwürfe. Du denkst, das bleibt so und wird nie mehr anders. Und wieder weißt du nicht, warum das so ist. Vielleicht bist du müde? Du weißt es nicht. Warum ist das so?

Weil der Mensch ein Stück Natur ist: mit Frühling und Herbst, mit der Wärme des Sommers und der Kälte des Winters, mit Ebbe und Flut, wie der Rhythmus des Meeres. Weil sich in unserem Dasein fortwährend Leben und Sterben wiederholt. Wenn du das begreifst, kannst du voll Mut und Vertrauen weiter, denn dann weißt du: Nach jeder Nacht kommt wieder ein neuer Morgen.

PHIL BOSMANS

16. MAI

Kannst du schweigen?

Der heutige Mensch scheut das Schweigen ganz besonders. Es fällt ihm schwer, für sich allein innezuhalten. Immer drängt es ihn, in Bewegung zu sein, etwas zu unternehmen und etwas zu sagen. Und so ist denn sein Handeln meistens nicht frei, schöpferisch und dynamisch, wie er gern annimmt; es ist zwanghaft. Wenn man lernt, innezuhalten und zu schweigen, wird man *frei,* zu handeln oder nicht zu handeln, zu reden oder nicht zu reden, und menschliches Reden und Handeln erlangen dann neue Tiefe und neue Kraft.

ANTHONY DE MELLO

17. MAI

Zufrieden

„Das Leben kann nur so schön sein, wie man es erkennen kann", sagte der Meister, und er erzählte von dem Mann, der auf einem Esel die Landstraße entlangritt. „Nach einiger Zeit überholte ihn ein Reiter auf einem edlen Pferd. ‚Der kann sich ein herrliches Pferd leisten, während ich mich mit einem Esel begnügen muss', dachte er ein wenig neidisch.

Kurz darauf kam ihm ein Mann entgegen, der ächzend und schwitzend einen schwer beladenen Karren schob. ‚Ach, der arme Kerl muss sich abrackern', sagte er zu sich, ‚während ich mir doch immerhin einen Esel leisten kann.'"

NORBERT LECHLEITNER

18. MAI

Man muss die Treppe nehmen …

Willst du ein sicheres Mittel wissen, um niemals glücklich zu sein? Hänge traurig an den schönen Tagen, die endgültig vorbei sind. Warte ewig auf das Glück, das irgendwann einmal kommen soll. Das wahre Glück ist kein extravaganter Luxusartikel, unerschwinglich teuer und unerreichbar fern.

Hör auf, die Nöte von gestern wiederzukäuen. Mach dir keine sinnlosen Sorgen um die Zukunft. Wenn du heute nicht glücklich sein kannst, erwarte nicht, dass morgen ein Wunder geschieht. Heute kannst du glücklich sein. – Es gibt keinen Fahrstuhl zum Glück, man muss die Treppe nehmen.

PHIL BOSMANS

19. MAI

Schmetterlingsweisheit

„Das Glück ist ein Schmetterling", sagte der Meister. „Jag ihm nach, und er entwischt dir. Setz dich hin, und er lässt sich auf deiner Schulter nieder."

„Was soll ich also tun, um das Glück zu erlangen?"

„Hör auf, hinter ihm her zu sein."

„Aber gibt es nichts, was ich tun kann?"

„Du könntest versuchen, dich ruhig hinzusetzen, wenn du es wagst."

ANTHONY DE MELLO

20. MAI

Das Fest könnte ein Spiegel sein

Wenn alle Zeiten gleich sind, dann werden sie sinnlos. Wenn der Sonntag zum Alltag wird, dann verdirbt das auch den Alltag, dann wird auch der Alltag leer und öde und verliert seinen Sinn. Das heute weit verbreitete Gefühl der Sinnlosigkeit rührt sicher auch ein Stück davon her, dass man keine Feste mehr feiern kann, die aus der Zeit herausgehoben sind, Feste, an denen etwas Größeres durchbricht, an denen der Sinn des Ganzen durchscheint, weil man sich von Gott berührt weiß. Vom Fest fällt Licht auch auf die übrige Zeit. Sie bekommt eine andere Qualität. [...] Das Fest wäre ein Spiegel, in dem wir uns anschauen sollten.

ANSELM GRÜN

21. MAI

Immer mal einen Anfang wagen

Hab einfach den Mut, immer mal einen neuen Anfang zu wagen. Wirklich am Ende ist nur, wer nichts Neues mehr riskiert. Vertrau auf das, was du bist und vermagst. Dann kannst du auch den nächsten Schritt tun, an deine Aufgaben neu herangehen und auf Mitmenschen zugehen. Du brauchst nicht stets von vorn anzufangen. Wo auch immer du bist, kannst du Gelegenheiten nutzen und etwas beginnen, auch wenn es dir zunächst ungewöhnlich erscheint.

THOMAS ROMANUS

22. MAI

Wenn das Glück bei mir anklopft

Wie oft sehne ich mich nach dem Glück! Wie oft wünsche ich mir, glücklicher zu sein und den Augenblick intensiver zu leben! Und dann bietet sich mir tatsächlich die Möglichkeit: Ein kleines Kind mit einem Ball in der Hand will mit mir spielen. Ein ehemaliger Freund, der mich einmal sehr verletzt hat, will mich um Verzeihung bitten. Die Sonne bricht durch die Wolken und ich habe Lust auf einen Spaziergang am Wasser. Am Abend findet ein Konzert mit meinem Lieblingsmusiker statt. [...] Ich will mir nicht selbst im Weg stehen. Den Termin kann ich sicher verschieben.

RAINER HAAK

23. MAI

Kraft eines Lächelns

Bewahre dir stets deinen Humor – gerade auch dann, wenn es dir schwerfällt, über dich selbst oder mit anderen zu lachen. Wenn du Spaß verstehst, kommst du dem Geheimnis des Glücks ganz nah. Du wirst von allem Guten beseelt und vom Leben begeistert mit all seiner Vielfalt. Solange du im besten Sinne menschlich bist, kannst du „Ja" zu dir selbst und anderen sagen. Du kannst das Leben mit Freude annehmen, dich von Mal zu Mal an der Gegenwart freuen, ohne allein für den Augenblick zu leben. Du erfährst, wie viel ein kleines Lächeln bewirkt.

THOMAS ROMANUS

24. MAI

Wenn Sorgen unbegründet sind

Immer wieder mache ich mir Sorgen um die Kinder, um die Zukunft, um die Gesundheit, um das Geld und um vieles andere. Immer wieder! Und natürlich weiß ich, dass ich mit den Sorgen nichts ändern kann. Ich erreiche nur, dass es mir schlecht geht. Ich bin müde und abgespannt. Und ich fühle mich sehr gestresst! [...] Es gibt nur einen Weg, mir auf Dauer Erleichterung zu verschaffen. Es gibt in meiner Situation nur eine Möglichkeit, mich von diesem unnötigen Stress zu befreien: „Ich höre endgültig auf, mir Sorgen zu machen!“ Als mein Verstand das verkündete, hörte ich übrigens einen leisen Freudenruf meiner Seele.

RAINER HAAK

25. MAI

Halt für Geist und Seele

Ein guter Halt für Geist und Seele findet sich, wo die Suche nach der eigenen Mitte nicht aus dem Blick schwindet. Spiritualität und Kunst haben gemeinsame Wurzeln: Sie verweisen auf jene Bereiche, die unter der Oberfläche verborgen liegen. Sie verleihen der Sehnsucht Ausdruck, gehen über die engen Grenzen des Gewohnten hinaus, zeigen, was wertvoll ist und bleibt.

THOMAS ROMANUS

26. MAI

Das Siegerpodest

Eine der unsinnigsten Erwartungen ist die, dass es möglich sei, immer im Leben Sieger zu sein. In zahlreichen Büchern sind Anleitungen zu finden, wie die Leser garantiert zu Gewinnern werden. Wer daran glaubt, hat schon verloren. Niemand kann ständig auf dem Siegerpodest stehen, es sei denn, er betrügt sich selbst. [...] Natürlich freue ich mich, wenn ich einmal zu den Gewinnern gehöre! Aber davon hängt mein Glück nicht ab. Und ich weiß sehr wohl, dass ich in meinem Leben noch viele Niederlagen einstecken muss.

RAINER HAAK

27. MAI

Mehr als bisher dem Leben vertrauen

Es gibt Menschen, die immer mit dem Schlimmsten rechnen. Hinter jeder Ecke wittern sie Gefahren. Für sie ist das Leben wie ein großer See, auf dem sich eine dünne Eisfläche gebildet hat und ein großes Schild vor dem Betreten warnt. Und selbst wenn sie einen normalen Tag ohne „Katastrophen" erleben, können sie ihn nicht genießen, weil sie immer noch voller Ängste sind. – Ich will mich mit dem Leben verbünden. Ich will damit rechnen, dass ich heute einen guten Tag haben werde. Ich will mich auf die Zukunft freuen und mir keine Horrorgeschichten ausmalen. Ich will darauf vertrauen, dass das Leben es gut mit mir meint.

RAINER HAAK

Der Adler (1)

Ein Mann ging in einen Wald, um nach einem Vogel zu suchen, den er mit nach Hause nehmen konnte. Er fing einen jungen Adler, brachte ihn heim und steckte ihn in den Hühnerhof zu den Hennen, Enten und Truthühnern. Und er gab ihm Hühnerfutter zu fressen, obwohl er ein Adler war, der König der Vögel.

Nach fünf Jahren erhielt der Mann den Besuch eines naturkundigen Mannes. Und als sie miteinander durch den Garten gingen, sagte der: „Dieser Vogel dort ist kein Huhn, er ist ein Adler."

„Ja", sagte der Mann, „das stimmt. Aber ich habe ihn zu einem Huhn erzogen. Er ist jetzt kein Adler mehr, sondern ein Huhn, auch wenn seine Flügel drei Meter breit sind."

„Nein", sagte der andere. „Er ist noch immer ein Adler, denn er hat das Herz eines Adlers. Und das wird ihn hoch hinauffliegen lassen in die Lüfte."

„Nein, nein", sagte der Mann, „er ist jetzt ein richtiges Huhn und wird niemals fliegen." Darauf beschlossen sie, eine Probe zu machen. Der naturkundige Mann nahm den Adler, hob ihn in die Höhe und sagte beschwörend: „Der du ein Adler bist, der du dem Himmel gehörst und nicht dieser Erde: Breite deine Schwingen aus und fliege!" Der Adler saß auf der hochgereckten Faust und blickte um sich. Hinter sich sah er die Hühner nach ihren Körnern picken, und er sprang zu ihnen hinunter. Der Mann sagte: „Ich habe dir gesagt, es ist ein Huhn!" – „Nein", sagte der andere, „es ist ein Adler. Versuche es morgen noch einmal."

FABEL AUS GHANA

Der Adler (2)

Am anderen Tag stieg er mit dem Adler auf das Dach des Hauses, hob ihn empor und sagte: „Adler, breite deine Schwingen aus und fliege!" Aber als der Adler wieder die scharrenden Hühner im Hof erblickte, sprang er abermals zu ihnen hinunter und scharrte mit ihnen.

Da sagte der Mann wieder: „Ich habe dir gesagt, es ist ein Huhn."

„Nein", sagte der andere, „er ist ein Adler und hat das Herz eines Adlers. Lass es uns noch ein einziges Mal versuchen."

Am nächsten Morgen erhob er sich früh, nahm den Adler und brachte ihn hinaus aus der Stadt, weit weg von den Häusern, an den Fuß eines hohen Berges. Die Sonne stieg gerade auf, sie vergoldete den Gipfel des Berges, jede Zinne erstrahlte in der Freude eines wundervollen Morgens.

Er hob den Adler hoch und sagte zu ihm: „Adler, du bist ein Adler. Breite deine Schwingen aus und fliege!" Der Adler blickte umher, zitterte, als erfülle ihn neues Leben – aber er flog nicht. Da ließ ihn der naturkundige Mann direkt in die Sonne schauen.

Und plötzlich breitete er seine gewaltigen Flügel aus, erhob sich mit dem Schrei eines Adlers, flog höher und höher und kehrte nie wieder zurück.

FABEL AUS GHANA

30. MAI

Wie viel braucht es zum Glück?

Wenn der Sperling im Wald sein Nest baut, braucht er dazu nur einen einzigen Ast. Wenn das Wild am Fluss seinen Durst stillt, trinkt es nie mehr, als es vertragen kann ...

ANTHONY DE MELLO

31. MAI

Ein Gefühl der Freiheit und Ruhe

Ich erlebe immer wieder Menschen, die Angst haben vor der Psychologie. [...] Ich nehme diese Angst immer ernst. Denn sie ist ein Schutz, den sie brauchen. Vielleicht sind sie überfordert, alleine in die Tiefen ihrer Seele zu schauen. Sie brauchen einen, der sich ähnlich liebevoll zu ihren verwundbaren Stellen hinabbeugt und sie berührt wie Jesus bei der Fußwaschung. Sie brauchen die Gewissheit, dass sie nicht verurteilt werden, dass es nichts in ihnen gibt, das sie von Gottes Liebe ausschließt, dass nichts in ihnen ist, was nicht von Gottes Geist verwandelt werden könnte. Erst wenn sie Jesu Botschaft glauben, dass er als Licht in ihre Finsternis gekommen ist, können sie sich der eigenen Dunkelheit stellen. Und das wird sie wahrhaft frei machen. [...] In allen Abgründen des Herzens wohnt Gott. Und weil Gott, die Liebe, in ihm wohnt, darf er alle Räume seines Lebenshauses betreten und andere in sie einladen. Das gibt ein Gefühl der Freiheit und der Ruhe.

ANSELM GRÜN

JUNI

Was zählt, was trägt, was bleibt

Die Hölle machen wir uns selbst,
den Himmel auch

1. JUNI

Das Leben geschehen lassen

Das Leben verändert sich und verändert unsere Beziehungen. Es verändert uns und unsere Mitmenschen. Wir fragen uns: warum, wieso, weshalb, wie, wann; fragen, was passiert oder was ausbleibt. Wir versuchen, den Lauf der Dinge zu steuern. Wir wünschen uns Kontrolle und Regie. Wir stellen Fragen, die nicht beantwortet werden können. Nicht jetzt. Vielleicht niemals. [...] Mitunter muss viel Zeit vergehen, bis wir endlich begreifen, warum und weshalb Entsprechendes notwendig war. Wir können Vertrauen entwickeln ins Leben, in die Menschen und in uns. Wenn wir lernen, das Leben geschehen zu lassen, wird auch das Glück geschehen, ganz natürlich und völlig mühelos.

SASCHA VEITL

2. JUNI

Viele Gelegenheiten der Lebensschule

Um irgendetwas Wertvolles zu erreichen, müssen wir durch Schwierigkeiten hindurchgehen. Wir können das in unserem täglichen Leben praktizieren, weil wir vom Morgen bis zum Abend beständig von allen Seiten unangenehmen Eindrücken ausgesetzt sind. Es gibt viele Gelegenheiten, eine freundliche Einstellung gegen jedermann zu haben, um jeder Situation mutig zu begegnen. Auf diese Weise wird eine größere Einsicht ins Leben erlangt.

HAZRAT INAYAT KHAN

Ein Leben nach der Geburt (1)

Im Bauch einer schwangeren Frau unterhalten sich drei Embryos. Einer ist der kleine Gläubige, einer der kleine Zweifler und einer der kleine Skeptiker.

Der kleine Zweifler fragt: „Glaubt ihr eigentlich an ein Leben nach der Geburt?“ Darauf antwortet der kleine Gläubige: „Klar gibt es das. Deshalb sollen wir jetzt einfach wachsen und uns auf das Leben nach der Geburt vorbereiten. Wir müssen stark werden für das, was danach kommt.“

Der kleine Skeptiker widerspricht: „So ein Quatsch! Wie sollte das denn aussehen, ein Leben nach der Geburt?“

Der kleine Gläubige: „So genau weiß ich das auch nicht. Aber bestimmt wird es viel heller sein als hier. Und vielleicht werden wir herumlaufen und mit dem Mund essen.“

Der kleine Skeptiker: „Unsinn! Herumlaufen! Das geht doch gar nicht. Und mit dem Mund essen! Wie stellst du dir denn das vor? Wir werden doch durch unsere Nabelschnur ernährt. Und sie ist viel zu kurz, um damit herumzulaufen!“

Der kleine Gläubige: „Doch, doch, das geht bestimmt. Es wird eben alles ein bisschen anders sein.“

Der kleine Skeptiker: „Es ist noch nie einer zurückgekommen nach der Geburt. Deshalb denke ich, mit der Geburt ist das Leben zu Ende. Dieses Leben hier ist sowieso eine Quälerei. Es ist mir viel zu dunkel.“

VERFASSER UNBEKANNT

Ein Leben nach der Geburt (2)

Der kleine Gläubige: „Auch wenn ich nicht genau weiß, wie es nach der Geburt sein wird, so bin ich mir sicher, dass wir dann unsere Mutter sehen und dass sie für uns sorgen wird."

Der kleine Skeptiker: „Mutter?! Du glaubst an eine Mutter? Wo ist die denn bitte schön?"

Der kleine Gläubige: „Na hier, überall – um uns herum! Wir sind in ihr und wir leben von ihr und durch sie. Ohne unsere Mutter könnten wir gar nicht sein."

Der kleine Skeptiker: „So ein Quatsch! Wenn es wirklich eine Mutter gäbe, dann hätte ich das schon bemerkt."

Der kleine Gläubige: „Manchmal, wenn wir ganz still sind, kannst du sie singen hören oder spüren, wie sie unsere Welt streichelt."

Nun schaltet sich der kleine Zweifler wieder in das Gespräch ein: „Angenommen, es gäbe wirklich ein Leben nach der Geburt, würde dann der kleine Skeptiker bestraft, weil er nicht daran geglaubt hat?"

Darauf antwortet der kleine Gläubige: „Das weiß ich nicht. Doch kann ich mir denken, dass er vielleicht einen kleinen Klaps braucht, dass er seine Augen aufmacht und damit sein neues Leben beginnen kann."

VERFASSER UNBEKANNT

5. JUNI

Die Fragen leben

Ich möchte Sie, so gut ich es kann, bitten, Geduld zu haben gegen alles Ungelöste in Ihrem Herzen und zu versuchen, die Fragen selbst lieb zu haben wie verschlossene Stuben und wie Bücher, die in einer sehr fremden Sprache geschrieben sind. Forschen Sie jetzt nicht nach den Antworten, die Ihnen nicht gegeben werden können, weil Sie sie nicht leben könnten. Und es handelt sich darum, alles zu leben. Leben Sie jetzt die Fragen. Vielleicht leben Sie dann allmählich, ohne es zu merken, eines fernen Tages in die Antwort hinein.

RAINER MARIA RILKE

6. JUNI

Freude zulassen (1)

Wie leicht es uns fällt, gewisse Dinge des Lebens als negativ, ungerecht und bedauerlich zu bezeichnen. Wie offensichtlich wir Beschwerliches und Schwieriges zu erkennen glauben. Wie sehr wir dazu neigen, in allem und jedem einen Nachteil zu entdecken … Wie sehr wir verlernt haben, uns völlig unbeschwert über Dinge unseres Lebens zu freuen, sie als Geschenk anzunehmen. Wie sehr wir uns anstrengen müssen, Gutes und Erfreuliches zu suchen und zu finden. Wie hilfreich und heilsam es dagegen wäre, jedem Tag und jeder Situation eine Freude, ein Ja abzugewinnen!

SASCHA VEITL

7. JUNI

Freude zulassen (2)

Es ist nie zu spät. Ich kann jetzt beginnen zurückzugewinnen, was Freude ist. Ich kann mich jeden Tag mehr und mehr auch all dem Schönen und Staunenswerten der Welt öffnen. Ich kann meine Aufmerksamkeit auf so manches Gute und Einfache des Lebens lenken, es erkennen, annehmen und dazu beitragen, es sich vermehren zu lassen.

Mit jeder Freude, die wir empfinden, teilen wir dem Leben mit, dass wir an ihm interessiert sind und bejahend an ihm teilnehmen wollen. Durch unser Ja können Körper, Geist und Seele entspannen, sich ausgleichen und zu neuer Energie gelangen. So kann aus Freude Friede werden, der in uns die Voraussetzung schafft, Menschen anzuziehen, die sich ihrerseits dem Licht des Lebens zuwenden, es in die Erde säen und uns zu Freunden werden.

SASCHA VEITL

8. JUNI

Der alte Großvater und der Enkel

Es war einmal ein steinalter Mann, dem waren die Augen trüb geworden, die Ohren taub, und die Knie zitterten ihm. Wenn er nun bei Tische saß und den Löffel kaum halten konnte, schüttete er Suppe auf das Tischtuch, und es floss ihm auch etwas wieder aus dem Mund. Sein Sohn und dessen Frau ekelten sich davor, und deswegen musste sich der alte Großvater endlich hinter den Ofen in die Ecke setzen, und sie gaben ihm sein Essen in ein irdenes Schüsselchen und noch dazu nicht einmal satt. Da sah er betrübt nach dem Tisch, und die Augen wurden ihm nass.

Einmal auch konnten seine zittrigen Hände das Schüsselchen nicht festhalten, es fiel zur Erde und zerbrach. Die junge Frau schalt, er sagte aber nichts und seufzte nur. Da kaufte sie ihm ein hölzernes Schüsselchen für ein paar Heller, daraus musste er nun essen. Wie sie da so sitzen, da trägt der kleine Enkel von vier Jahren kleine Brettlein zusammen. „Was machst du da?", fragte der Vater. „Ich mache ein Tröglein", antwortete das Kind, „daraus sollen Vater und Mutter essen, wenn ich groß bin."

Da sahen sich Mann und Frau eine Weile an, fingen endlich an zu weinen, holten sofort den alten Großvater an den Tisch und ließen ihn von nun an immer mitessen, sagten auch nichts, wenn er ein wenig verschüttete.

BRÜDER GRIMM

9. JUNI

Ein purer Zuwachs

Die Realität jeder Freude ist unbeschreiblich in der Welt, nur in der Freude geht noch die Schöpfung vor sich (das Glück dagegen ist nur eine versprechliche und deutsame Konstellation schon vorhandener Dinge); die Freude aber ist eine wunderbare Vermehrung des schon Bestehenden, ein purer Zuwachs aus dem Nichts heraus.

RAINER MARIA RILKE

10. JUNI

Das Hochzeitsgeschenk

Irgendwo sollte eine Hochzeit gefeiert werden. Die Brautleute hatten nicht viel Geld, aber dennoch waren sie der Meinung, dass viele Leute mitfeiern sollten. Es sollte ein großes Fest werden. Sie baten die Eingeladenen, je eine Flasche Wein mitzubringen. Am Eingang würde ein großes Fass stehen, in das sie ihren Wein gießen könnten. Und so sollte jeder die Gabe des anderen mittrinken und jeder mit jedem froh sein.

Als nun das Fest eröffnet wurde, liefen die Kellner zu dem großen Fass und schöpften daraus. Doch wie groß war das Erschrecken aller, als sie merkten, dass es Wasser war! Wie versteinert saßen sie alle da, als ihnen bewusst wurde, dass jeder von ihnen gedacht hatte: Die eine Flasche Wasser, die ich hineingieße, wird niemand merken oder schmecken. Jeder hatte gedacht: Heute will ich auf Kosten anderer feiern. – Das Fest hat nicht stattgefunden.

GRIECHISCHE PARABEL

11. JUNI

Zeitlos

Die Freude ist ein Moment, unverpflichtet, von vornherein zeitlos, nicht zu halten, aber auch nicht eigentlich wieder zu verlieren, indem unter ihrer Erschütterung unser Wesen sich gewissermaßen chemisch verändert.

RAINER MARIA RILKE

12. JUNI

Eicheln pflanzen

Der Altbauer war schon lange Zeit krank und sehr gebrechlich. Doch eines Tages machte er sich auf und sammelte im nahen Wald Hunderte von Eicheln, ohne Risse und schlechte Stellen. Kurz darauf begann er, auf dem Brachland neben dem Bauernhaus die Eicheln in die Erde zu pflanzen.

„Warum tust du das?“, wurde er von seinen Enkelkindern gefragt. „Wenn aus den Eicheln große Bäume geworden sind, wirst du nichts mehr von ihnen haben!“

Der Alte sah sie lange liebevoll an, dann antwortete er ihnen mit klarer Stimme: „Ihr glaubt, dass ich alter Mann mich noch über die letzte Zeit meines Lebens freuen kann? Ihr habt Recht, ich kann es. Ich träume davon, dass meine Enkel, wenn sie selber so alt sind wie ich, eines Tages überrascht hinaufblicken und sich über die Vögel freuen, die oben in einer der kräftigen Eichen ihr Nest gebaut haben.“

RAINER HAAK

13. JUNI

Glückseligkeit

All die unterschiedlichen Glaubensrichtungen, ideologischen und politischen Systeme stellen nur unterschiedliche Weisen dar, ein Ziel zu erreichen: Glückseligkeit im Leben. Deshalb sollten wir niemals Mittel über Zwecke oder Ziele stellen: Der Mensch muss über dem Materiellen stehen.

DALAI LAMA

Gedanken, Magenschmerzen, Müdigkeit

Auf alle Erlebnisse reagieren wir mit Gedanken, mit denen wir das Erlebte kommentieren. Aber zugleich reagiert unser Unbewusstes. Es nimmt anderes wahr als unser Verstand und zeigt uns seine Sichtweise oft im Traum. Und zugleich reagiert der Leib. Wir wissen, wie der Leib auf Gefahren reagiert, auf die Aussicht nach einem guten Essen usw. Komplizierter sind die vielen unbewussten Reaktionen unseres Leibes. Sie lassen sich vor allem dort beobachten, wo wir zu wenig bewusst auf Erlebnisse reagieren. Wenn wir z. B. nicht wahrhaben wollen, dass die Situation am Arbeitsplatz unerträglich ist, dass uns der Mitarbeiter ständig verletzt, – wenn wir nicht durch bewussten Widerstand und durch Abgrenzen reagieren, dann übernimmt der Leib die Reaktion. Wir reagieren mit Magenschmerzen, wenn wir uns nicht anders gegen mächtige Menschen wehren können.

Ständiger Druck von anderen, dem wir nichts entgegensetzen, schlägt sich auf die Leber nieder und macht uns müde und schwach. Unsere Müdigkeit ist dann unsere Abwehr. Das Wahrnehmen der Krankheit sollte aber zu bewussteren Methoden der Abwehr führen, die nicht mehr in der Krankheit münden. Wir brauchen nur unsere Symptome zu befragen, dann sagen sie uns in Bildern, wie es um uns steht.

ANSELM GRÜN

15. JUNI

Glück kann man nicht kaufen

Glück ist unbezahlbar. Viele Menschen sind unglücklich, denn sie denken, Glück könne man kaufen. Mit viel Geld kann man äußeren Reichtum anhäufen, doch er kann nicht die innere Leere heilen und die große Sehnsucht stillen. Wer wenig Geld hat, denkt schnell, das große Glück habe ihn links liegen gelassen. Doch Glück kann man nicht kaufen. Zum Glück!

PHIL BOSMANS

16. JUNI

Wirkliches Glück

„Ob ich wirklich glücklich sei?", fragt mich meine ehemalige Nachbarin. Wirklich glücklich? Monatelang lässt mich diese Frage nicht mehr los. Langsam wachse ich durch das Leben in Antwortversuche hinein.

Ich bin glücklich, wenn ich frühmorgens staune über das Vogelgezwitscher. Glücklich bin ich, wenn ich nach völliger Verkrampfung endlich weinen kann. Ich bin glücklich, wenn ich zärtlich berührt werde, wie wenn es das erste Mal wäre. Glücklich bin ich, wenn ich durch eine Patenschaft einem Kind in Bolivien eine Ausbildung ermöglichen kann. Ich bin glücklich, wenn ich Worte finde für das Geheimnis unseres Lebens. – Ob ich wirklich glücklich bin?

PIERRE STUTZ

17. JUNI

Die Hölle machen wir uns selbst, den Himmel auch

Die Hölle machen wir uns großenteils selbst. Menschen werden durch Menschen erniedrigt, abgeschoben, weggeboxt, ausgestoßen. Menschen werden durch Menschen auf teuflisch raffinierte Weise zugrundegerichtet.

Kümmere dich um dein Herz! Ist dein Herz voll Egoismus und Gier, voll Eifersucht und Hass, dann zimmerst du an einer Hölle für dich selbst und für die anderen. Sitzt dein Herz am rechten Fleck, wo Güte und Freundschaft wohnen, dann sitzt du gut und sicher. Kommt Himmel in dein Herz, dann wächst auch Himmel um dich herum.

PHIL BOSMANS

18. JUNI

Schade …

Was ist mir wirklich wichtig? Was tut mir gut? Wo fühle ich mich wohl? Was wünsche ich mir? Wann fühle ich mich frei und lebendig? Was sind die glücklichsten Augenblicke meines Lebens?

Viel zu selten stelle ich mir diese Fragen. […] Schließlich muss ich Wichtigeres tun. Wirklich? Ich glaube nicht. Das heißt, jetzt glaube ich es nicht. Doch immer dann, wenn ich so viel zu tun habe, ist alles andere unwichtig. Dann grabe ich mich ein, bis kein Herzblut mehr in meiner Seele fließt. Schade um die Zeit! Schade um das schöne Leben!

RAINER HAAK

19. JUNI

Eine Portion Humor

Ich habe danach gesucht, woran es liegt, wenn Menschen glücklich sind. Und das habe ich herausgefunden: Der Grund liegt nicht im Geld, nicht im Besitz, nicht in der Arbeit, nicht im Nichtstun, nicht im Leisten, nicht im Genießen. Bei glücklichen Menschen fand ich immer als Grund eine tiefe Geborgenheit, spontane Freude an kleinen Dingen und eine große Einfachheit. Ich habe mich immer gewundert: Niemals fand ich bei glücklichen Menschen, dass sie ruhelos, gehetzt, getrieben waren, niemals den Hang zur Selbstherrlichkeit. Und gewöhnlich besaßen sie eine große Portion Humor.

PHIL BOSMANS

20. JUNI

Was uns beseelt

Verlier nie den Glauben an das Unsichtbare. Viele halten sich nur an die Dinge, die sie sehen oder im doppelten Sinne – mit der Hand und dem Verstand – fassen können. Was uns wirklich beseelt und mit Geist erfüllt, ist nicht greifbar. Doch nehmen wir es wahr, sobald wir uns für das öffnen, was über unseren sinnenhaften Horizont hinausgeht. Das Dasein umfasst mehr als jene Bereiche, die unser Verstand oder unser Herz zu begreifen vermögen.

THOMAS ROMANUS

21. JUNI

All das Unsichtbare

Dem Sinn seiner Existenz kommt näher, wer nicht nur mit seinen Sinnen lebt, sondern sich ein waches Gespür bewahrt für das, was sich nicht unmittelbar beweisen lässt. Es zeigt sich in Momenten, in den wir uns bewegt und verwandelt fühlen.

Der Mensch lebt nicht nur von gesunder Luft, die ihn buchstäblich leben lässt, sondern mehr noch von all dem Unsichtbaren, das ihn als Person ausmacht und mit anderen verbindet: von Liebe, Zärtlichkeit, Verstehen, Achtsamkeit, von guten Worten Tag für Tag.

THOMAS ROMANUS

22. JUNI

Die Seele ist das Glück

Die Seele wird im Sanskrit Atman genannt, was Glück oder Seligkeit bedeutet. Nicht so, dass das Glück zur Seele gehört, nein – die Seele selbst ist Glück. Heute verwechseln wir oft Glück mit Vergnügen, aber Vergnügen ist nur eine Illusion, ein Schatten des Glücks; und es kann sein, dass der Mensch in dieser Illusion sein ganzes Leben verbringt, immer wieder Vergnügen suchend und doch niemals tiefe Befriedigung findend. [...] So wie der Schatten einer Person nur die Form derselben wiedergibt und nicht die Person selbst ist, so ist auch das Vergnügen nur der Schatten und nicht das Glück selbst.

HAZRAT INAYAT KHAN

23. JUNI

Wo ich meinem Glück selber im Weg stehe

Irgendwann wurde mir deutlich, dass ich für mein Glück selber verantwortlich bin. Ich hörte damit auf, den Schwarzen Peter ständig anderen zuzuschieben, dem Chef oder der Nachbarin, der Schwiegermutter oder der Politik, dem Wetter oder der schlechten Konjunktur. Ich selbst muss immer wieder die Voraussetzungen dafür schaffen, dass ich glücklich bin. Und trotzdem ist das Glück in meinem Leben immer noch ein viel zu seltener Gast. Deshalb frage ich mich, wo ich selbst es bin, der meinem Glück im Weg steht: [...] Vielleicht gestatte ich es mir nicht, glücklich zu sein, weil ich insgeheim meine, es nicht verdient zu haben. Vielleicht habe ich Angst, dass sich etwas in meinem Leben ändern könnte.

RAINER HAAK

24. JUNI

Hinter einer Mauer

Eine Aufgabe wird dich erfüllen, wenn du sie nicht wegen äußerer Anerkennung erledigst, sondern weil du an ihren Sinn glaubst. Ein persönlicher Fortschritt geht nur selten mit gesellschaftlichem Erfolg, Besitz oder Macht einher. Doch er schenkt dir neue Wege zu dir selbst und deinen Mitmenschen. Darum zu wissen bedeutet geistige Weitsicht und seelische Selbstständigkeit. – Hinter einer Mauer kann ein unerwarteter Garten blühen.

THOMAS ROMANUS

25. JUNI

Dies sei das höchste Ziel des Erdenlebens

Dies sei das höchste Ziel des Erdenlebens,
Winkt einst nach Müh' und Plag' die Ruhe Dir,
Zu sagen: „Ja, ich lebte nicht vergebens
Und was ich schuf, das endet nicht mit mir." –
Du brauchst ja große Werke nicht zu üben,
Wenn Du nur stets das Beste angestrebt!
Lebst Du dann fort im Herzen Deiner Lieben,
Dann hast Du wahrlich nicht umsonst gelebt!

RAINER MARIA RILKE

26. JUNI

Beglückende Erfahrungen

Wie hast du es erlebt, eine echte, tiefe menschliche Beziehung eingehen zu können? Gestaltest du sie so, dass sie beide Seiten erfüllt – mit einem sich zwar wandelnden Glück, aber einem bleibenden Sinn?

Wünsche dir, zuverlässig zu sein, und hoffe, dass dein Vertrauen in andere Menschen nie missbraucht wird. Was Menschen zusammenhält, ist, was sie miteinander zu teilen bereit sind. Oft ist eine Freundschaft wie ein gemeinsamer Zwischenraum, den man von beiden Seiten her betreten kann und der erfüllt ist von Weite und Nähe zugleich.

Wünsche dir aber auch, dass du andere Menschen loslassen kannst, wenn es dafür an der Zeit ist – ohne zu leiden.

THOMAS ROMANUS

Aufhören, andere oder die Umstände für mein Glück verantwortlich zu machen

Warum ich so unglücklich bin? Mein Mann denkt nur an seinen Beruf. Mein Rücken macht mir zu schaffen. Meine Nachbarn sind so rücksichtslos. Meine Kinder sind undankbar. Mein Chef ist ungerecht. Die Wohnung ist zu klein. Die Zeiten sind so unsicher. Meine Kollegen behandeln mich schlecht.

Ich habe die Verantwortung für mein Leben aus den Händen gelegt. Ich bin nicht mehr König in meiner eigenen, kleinen Welt. Ich bin vom Thron gestiegen. Der Thron ist leer. Wirklich? Nein, richtig leer ist er nicht. Mal regiert dort der Ehepartner, mal die Kinder, mal die Nachbarn und mal die Wohnung.

Ich will nicht zulassen, dass andere über mein Leben bestimmen. Ich will mein Glück nicht davon abhängig machen, was andere denken oder tun. Ich will die Verantwortung für mein Glück selbst übernehmen. Und ich bin bereit, die Hindernisse zu meinem Glück selbst aus dem Weg zu räumen.

RAINER HAAK

28. JUNI

Unsere Zeit ist unser Leben

Kaum etwas ist uns so allgegenwärtig wie die Zeit. Täglich schauen wir auf viele Uhren und in Terminkalender. Unser Lebensrhythmus ist geprägt von feststehenden Zeiten und Vereinbarungen, vom regelmäßigen Ablauf der Tage und Jahre, in denen wir leben, arbeiten, Treffs organisieren, Freizeit planen.

Wir stehen zu unserer Zeit in einem lebendigen Spannungsverhältnis: Sie verändert uns durch ihren Wandel, und wir gestalten sie mit durch unser Handeln. Unsere Zeit ist unser Leben. Aber unser Leben ist dennoch mehr als nur das, was sich mit dem Stundenschlag messen lässt. Monate und Minuten können wir einteilen, aber das Leben selbst ist und bleibt unfassbar, lässt sich nicht einfach ablesen wie ein Zifferblatt.

Wünsche dir, dass du trotz aller Verpflichtungen immer auch Zeit für dich findest, Zeit zum Leben, Zeit zum Menschsein.

THOMAS ROMANUS

29. JUNI

Nimm dir Zeit

Die Zeit, die die Menschen auf die berufliche Arbeit verwenden, wird immer kürzer. Sie bekommen immer mehr freie Zeit, immer längere Wochenenden, immer mehr Urlaub. Aber wenn man sich so umschaut, haben es die Menschen immer furchtbar eilig. Wenn man jemand fragt, heißt es meistens: „Ich habe keine Zeit."

Noch nie gab es so viele gehetzte Menschen. Väter und Mütter warten auf den Besuch ihrer Kinder: Die haben keine Zeit. Kranke und Alte sehen die Gesunden und die Jungen vorbeihasten: Die haben es so eilig. Ehepartner werden sich fremd: Sie haben keine Zeit füreinander.

Warum haben wir so wenig Zeit? Die Umgebung, die Reklame, die Freizeitindustrie reden pausenlos auf uns ein, was wir alles haben müssen, was wir alles tun müssen, was wir uns alles leisten müssen. Und so wird das ganze Leben lückenlos verplant. Deshalb möchte ich dir den Vorschlag machen: Tu einmal nichts! Komm endlich zur Ruhe!

In der Stille wohnen die Freuden des Lebens, die wir vor lauter Hetze verloren haben. Aus der Stille wachsen die kleinen Aufmerksamkeiten, die viel weniger Zeit brauchen, als wir meinen: ein gutes Wort, ein freundliches Gesicht, ein dankbarer Kuss, ein verständnisvolles Zuhören, ein überraschender Telefonanruf, ein selbstgemachtes Geschenk, ein fröhlicher Brief. Tilge aus deinem Leben das tödliche „Ich habe keine Zeit“.

Wir klagen manchmal über schlechte Zeiten. Aber die Zeiten sind nur schlecht, wenn die Menschen schlecht sind. Gute Zeiten fallen nicht vom Himmel. Gute Zeiten können wir selbst machen, nicht mit Geld und Technik, sondern mit Herz und Güte. Nur gute Menschen machen gute Zeiten: wenn Wohlwollen herrscht; wenn Gewalt schweigt, wenn Wohlstand geteilt wird; wenn Menschen sich mögen; wenn Platz da ist für eine Blume und Zeit für ein freundliches Wort.

PHIL BOSMANS

30. JUNI

Alles in uns entwickeln …

Der Mensch wurde nicht in dieser Welt geboren, um deprimiert und unglücklich zu sein. Sein wahres Wesen ist Glück. Depression ist etwas Unnatürliches. Damit will ich nicht sagen, dass sich sorgen Sünde ist und das Leiden immer vermeidbar. Wir alle müssen beides im Leben erfahren, um den Zweck unseres Lebens zu erfüllen. Wir können nicht immer lächeln, und es bedeutet keine geistige Entwicklung, eine Seite des Lebens zu übersehen.

Inmitten des Lebens sollen wir alles in uns entwickeln und zum Ausdruck bringen, was schön und vollkommen und göttlich in unserer Seele ist.

HAZRAT INAYAT KHAN

JULI

Dem Alltag eine Seele geben

Zwischen Sehnsucht und Angst

1. JULI

Innewerden, dass ich lebe

Wenn wir uns vorstellen, dass wir morgen sterben würden, dann würden wir nochmals ganz bewusst und intensiv den heutigen Tag erleben. Wir würden jeden Augenblick auskosten. Wir würden uns auf die Begegnungen vorbehaltlos einlassen. Wir würden auf jedes Wort achten, das wir sprechen, und abwägen, was wir eigentlich sagen möchten. […] Und es heißt für mich, achtsam und wach zu leben, mir immer wieder des Geheimnisses innezuwerden, dass ich da bin, dass ich atme, dass ich fühle, dass ich lebe, dass ich einzigartig bin auf der Welt, dass es einen Aspekt von Gott gibt, den nur ich in dieser Welt ausdrücken kann. Das Denken an den Tod dient dem Leben. Ich spüre dem Geheimnis des Lebens nach. Was bedeutet es zu leben, zu sein? Wie fühlt sich das Leben an? Wie schmeckt Leben?

ANSELM GRÜN

2. JULI

Der einzige Grund (1)

Warum nehmen Sie das Glück nicht wahr, das Sie schon besitzen? Weil Ihr Verstand dauernd Unglücklichsein produziert. Verjagen Sie dieses Unglücklichsein aus Ihrem Kopf, und sofort wird das Glück, das schon immer in Ihnen war, die Oberhand gewinnen …

ANTHONY DE MELLO

3. JULI

Der einzige Grund (2)

Wenn Sie genau hinschauen, werden Sie erkennen, dass es nur einen einzigen Grund für Ihr Unglücklichsein gibt. Er heißt: *Abhängigkeit*. Was ist Abhängigkeit? Ein gefühlsmäßiger Zustand des Sich-Anklammerns, der aus der Überzeugung entsteht, dass man ohne eine bestimmte Sache oder einen bestimmten Menschen nicht glücklich sein kann. Dieser gefühlsmäßige Zustand des Anklammerns besteht aus zwei Elementen: einem positiven und einem negativen. Das positive Element ist das schnelle Vergnügen, die Erregung, der Nervenkitzel, den Sie erleben, wenn Sie bekommen haben, woran ihr Herz hängt. Das negative Element ist das Gefühl der Bedrohung und der Spannung, das die Abhängigkeit immer begleitet. […] So macht Festklammern oder Abhängigsein von sich aus anfällig für Gefühlsausbrüche und ist immer eine Bedrohung für Ihren inneren Frieden und Ihre Ausgeglichenheit.

ANTHONY DE MELLO

4. JULI

Das Leben feiern

Menschen, die im Einklang mit der Natur leben, zeigen einander Anerkennung und gute Laune. Sie schenken den Dingen, die ihnen zum Leben helfen, Grüße und Danksagungen, und aus den gleichen Gründen grüßen sie sich.

VERFASSER UNBEKANNT

5. JULI

Alles wird gut

Ich versuchte, mich zu erinnern, in mein Leben zurückzublicken auf der Suche nach vergangenen schwierigen Zeiten. Da gab es so manches. Da war einiges, vor dem ich Angst hatte, was mich ärgerte und mich zweifeln ließ an der Gutmütigkeit des Lebens. Doch gerade jene zunächst schwierigen Situationen haben sich im Nachhinein oftmals als besonders wichtig für meinen weiteren Weg herausgestellt. So vieles macht plötzlich Sinn, so vieles ist auf einmal gut, wenn es sich im Nachhinein, aus der Distanz in all die weiteren Geschehnisse einfügt. [...] Anerkennen, dass im Leben alles möglich und gut ist, lässt mich heraustreten aus aller Enge und Kleinlichkeit.

SASCHA VEITL

6. JULI

Loslassen und Aufwachen

Der indische Jesuit Anthony de Mello hat die Mystik des Einswerdens als Erwachen oder als „awareness" (Bewusstwerden) bezeichnet. Er meint, dass die meisten Menschen schlafen. Wir halten an unseren Illusionen fest, an der Illusion von der Bestätigung durch Menschen, die wir brauchen, und an der Illusion des lieben Gottes, der unsere Bitten erfüllt. Mystik heißt, dass wir erwachen und mit der wahren Wirklichkeit in Berührung kommen. Viele Menschen gehen zum Psychologen, um Hilfe in ihren Beziehungsproblemen zu finden. Das – so meint de Mello – schafft zwar Erleichterung, heilt aber nicht wirklich. Man muss die Abhängigkeit von der Beziehung durchschauen, um wirklich geheilt zu werden. Ich muss spüren, dass das nur ein Aspekt der Wirklichkeit ist, dass die wahre Wirklichkeit Gott ist, in den hinein ich mich loslasse. Loslassen ist dabei nicht entsagen. Wenn ich auf etwas verzichte und ein Opfer bringe, hänge ich noch daran.

ANSELM GRÜN

7. JULI

Die Wahrheit durch Trugbilder verstellt

Wenn die Menschen nur ruhig die Wirklichkeit betrachten und sich nicht blenden lassen wollten, so würde das Leben, um es mit etwas Geläufigem zu vergleichen, wie ein Märchen scheinen, eine Geschichte aus „Tausend und einer Nacht". Wenn wir nur das achten würden, was unvermeidlich ist und mit Recht existiert, dann würden die Straßen von Musik und Poesie erklingen. Wenn wir weise und ohne Eile sind, so erkennen wir, dass nur große und würdige Dinge ein dauerhaftes, absolutes Sein besitzen – dass kleinliche Ängste und Vergnügen nur der Schatten der Wirklichkeit sind. Darin liegt etwas ungemein Frohes und Erhabenes.

HENRY D. THOREAU

Die vier Feinde des Wissenden

Wenn ein Mann einmal die Furcht überwunden hat, ist er für den Rest seines Lebens frei von ihr, weil er statt der Furcht Klarheit gewonnen hat – eine Klarheit der Gedanken, die die Furcht auslöscht ... Und so hat er seinen zweiten Feind getroffen: die Klarheit! Diese Klarheit ... vertreibt die Furcht, aber sie macht auch blind. Sie zwingt den Mann, sich niemals selbst anzuzweifeln ... Er wird nichts mehr lernen oder nach irgendetwas suchen ...

Macht ist der stärkste aller Feinde ... Plötzlich wird der Mann, ohne es zu erkennen, gewiss seinen Kampf verloren haben. Sein Feind wird ihn zu einem grausamen, unberechenbaren Menschen gemacht haben ... Er muss (wenn er diesen seinen dritten Feind besiegen will) einsehen, dass die Macht, die er scheinbar gewonnen hat, niemals wirklich die seine ist. Er muss sich zu jeder Zeit selbst beherrschen und alles, was er gelernt hat, vorsichtig und ehrlich gebrauchen. Wenn er sieht, dass Klarheit und Macht ohne Selbstbeherrschung schlimmer als Fehler sind, wird er einen Punkt erreichen, wo sich ihm alles fügt. Dann wird er wissen, wann und wie er seine Macht gebraucht. Und so wird er seinen dritten Feind besiegt haben.

Der Mann wird am Ende der Reise des Lernens sein, und fast unversehens wird er dem letzten seiner Feinde begegnen: dem Alter! ... Das ist die Zeit, da ein Mann keine Furcht mehr kennt, keine ungeduldige Klarheit der Gedanken – das ist eine Zeit, da er ein unüberwindliches Verlangen nach Ruhe hat.

CASTANEDA

Die Wahrheit in der Stille

Wir machen uns Illusionen über die Welt, weil wir im Grund unseres Herzens Angst haben vor ihr, Angst vor ihren Abgründen, vor ihrer Dunkelheit, Angst vor dem Schicksal, Angst vor dem Chaos, Angst vor der Bedrohung, die uns überall in dieser Welt auflauert. Ich kenne viele Menschen, die ständig auf der Flucht sind vor der eigenen Wahrheit. Sie haben Angst vor der Stille. [...]

Ich habe einmal für einen Familienkreis eine Wanderwoche veranstaltet. Ich schlug vor, wie bei den Jugendwanderungen auch hier jeweils eine Stunde am Tag schweigend zu wandern. Eine Frau wehrte sofort ab. Das würde ihr Angst machen. Da hätte sie ja nichts in der Hand. Da wüsste sie nicht, was da in ihr alles hochkommen würde. Eine andere war gegen das Schweigen, weil die Kinder es nicht aushalten würden. Aber dahinter versteckte sie nur die eigene Angst. Denn die Kinder konnten sich sehr gut auf das Schweigen einlassen. Am zweiten Tag fragten sie mich schon ganz neugierig, ob wir das wieder so machen würden „mit den schönen Gedanken". Schweigen war für sie, sich schöne Gedanken auszudenken, den guten Gedanken, die in ihnen auftauchten, nachzugehen. – Viele sind ihr ganzes Leben lang auf der Flucht vor sich selbst. Weil sie Angst haben vor der eigenen Wahrheit, sind sie Sklaven ihrer eigenen Betriebsamkeit geworden. Das Schlimmste, das ihnen passieren kann, wäre, dass nichts los ist, dass sie nichts hätten, womit sie sich gegen die aufkommende Wahrheit wehren könnten.

ANSELM GRÜN

10. JULI

Solidarität aller Wesen (1)

Ich kann nur dann glücklich sein, wenn in dieser Welt eine Ordnung existiert, bei der alle Wesen die anderen mehr lieben als sich selbst. Die ganze Welt wäre glücklich, liebten alle Wesen nicht sich selbst, sondern die anderen. Ich bin ein menschliches Wesen, und die Vernunft erschließt mir das Gesetz des Glückes für alle Wesen. Ich muss dem Gesetz meiner Vernunft folgen – ich muss die anderen mehr lieben als mich selbst. Der Mensch braucht nur diese vernünftige Überlegung anzustellen, und sogleich bietet sich ihm das Leben in anderer Sicht dar als früher.

LEO N. TOLSTOI

11. JULI

Solidarität aller Wesen (2)

Das Leben wird nicht durch Ausrottung, sondern durch gegenseitige Sympathie der Wesen erhalten, die sich in meinem Herzen als Gefühl der Liebe äußert. Sobald ich begonnen hatte, den Lauf der Dinge in dieser Welt zu begreifen, erkannte ich, dass einzig und allein das Prinzip der gegenseitigen Zuneigung den Fortschritt der Menschheit bedingt. Die gesamte Geschichte ist nichts anderes als die zunehmende Erkenntnis und Anwendung dieses einzigen Prinzips der Solidarität aller Wesen. Die vernünftige Überlegung wird durch die Erfahrung der Geschichte bestätigt.

LEO N. TOLSTOI

Chaos und Ordnung (1)

Es gibt Zeiten in meinem Leben, in denen das Chaos hereinbricht. Da fällt ein Teil meiner Welt in Scherben, ich verliere den Boden unter den Füßen, falle ins Dunkle, Leere hinein. Ich bin ratlos, ohnmächtig, weiß nicht mehr weiter. Es sind Zeiten, in denen Träume nicht mehr lebendig sind und die Hoffnung mich verlassen hat. Ich bin nur noch Schmerz und Wunde, Verlassenheit und Trauer.

Manchmal sind äußere Anlässe die Ursache für solche Zeiten: eine Beziehung scheitert, ein mir nahe stehender Mensch stirbt, eine Entscheidung durchkreuzt meine Pläne.

Manchmal aber kommen solche dunklen Stunden auch aus mir heraus, ohne dass ich im Moment einen ersichtlichen Grund dafür erkennen kann. Da kriecht auf einmal die Unsicherheit in mir hoch, ich verliere mein Selbstvertrauen, fühle mich kraftlos, zu keinem Schritt mehr fähig.

In solchen Zeiten ziehe ich mich von der Welt zurück. Bildlich gesprochen, schließe ich dann die Tür hinter mir ab, mache die Fensterläden zu, lasse nichts und niemanden mehr an mich heran. Und es kostet mich viel Mühe und unsagbare Energie, dann noch halbwegs eine Ordnung aufrechtzuerhalten, die meinen Tag wenigstens ein bisschen strukturiert: einkaufen, Mittagessen kochen, das dringendst Notwendige an Arbeit tun, die Post aus dem Briefkasten holen. Eine solche Stimmung kann mich einen Abend, eine Nacht lang einholen, sie kann aber auch über Tage und Wochen hinweg andauern.

ANDREA SCHWARZ

Chaos und Ordnung (2)

Das Chaos ist *ein* Pol des Lebens und holt mich trotz aller Ordnungsbemühungen immer wieder ein. Und vielleicht braucht es sogar das Chaos, um Wachstum und Entwicklung überhaupt erst möglich zu machen. Psychologisch gesehen, ist das Chaos die Auflösung bestehender Strukturen, ist Krise und Tod. Das macht Angst, weil man nicht mehr weiß, wie es überhaupt noch weitergehen kann, weil all das, was mich getragen und gehalten hat, verloren geht. […]

Das Chaos ist die Botschaft, dass mein bisheriges Verständnis, mein Selbstbild, meine Einschätzung nicht mehr tragen, nicht mehr haltbar sind. Es will mir sagen, dass es an der Zeit ist, dass eine neue Ordnung, eine neue Welt in mir entsteht. In dem Sinn ist das Chaos hilfreich. Es fordert mich dazu heraus, mich einer veränderten Situation neu anzupassen: Ich werde ohne den Partner weiterleben müssen, der durchkreuzte Plan will ersetzt werden durch neue Lebensperspektiven. […]

Neue Welten aber entstehen nicht dadurch, dass man das Chaos einfach Chaos sein lässt. Ich muss Formen finden, wie ich mit diesem Chaos umgehen und leben kann. Zwei Schritte scheinen notwendig zu sein: Ich muss solche dunklen Stunden in meinem Leben annehmen, mich hineinbegeben, sie zulassen und leben. Ich bin das Chaos, und das Chaos ist in mir. Dann aber muss ich dem Chaos auch gegenübertreten, es beim Namen nennen, zu begreifen versuchen. Wo kommt es her, wohin will es mich führen?

ANDREA SCHWARZ

14. JULI

Chaos und Ordnung (3)

Ich bemühe mich, dieses Durcheinander des Lebens neu zu strukturieren, die verschiedenen Fäden zu erkennen, die in diesem Wirrwarr miteinander verwoben sind.

Und in dem Moment, da ich zu ordnen beginne, kann Licht in die Sache kommen. So allmählich sieht man wieder klar, blickt durch, fasst Fuß, bekommt Boden unter die Füße. Eine neue Welt beginnt sich herauszukristallisieren. Die Hoffnungslosigkeit weicht, neue Träume werden wach, langsam lichtet sich das Dunkel.

Weder Chaos noch Ordnung sind ein Dauerzustand: Aus dem Chaos entsteht eine neue Ordnung, meine bestehende Ordnung wird durch ein hereinbrechendes Chaos in Frage gestellt, um sich zu einer neuen Ordnung gestalten zu lassen.

ANDREA SCHWARZ

15. JULI

Entspannt

Viele meinen, wenn sie keine Sehnsüchte hätten, wären sie wie ein Stück Holz. – In Wirklichkeit würden sie jedoch ihre Verspanntheit verlieren. Befreien Sie sich von Ihrer Angst zu versagen, von Ihrer Anspannung, Erfolg haben zu müssen, und Sie werden bald Sie selbst sein. Entspannt. Sie werden dann nicht mehr mit angezogener Handbremse fahren.

ANTHONY DE MELLO

16. JULI

Der Bogenschütze

Es gibt einen schönen Satz von Tranxu, einem großen chinesischen Weisen, den ich mir gut gemerkt habe. Er lautet: „Wenn der Bogenschütze schießt, ohne einen besonderen Preis gewinnen zu wollen, kann er seine ganze Kunst entfalten – und trifft; schießt er, um eine Bronzemedaille zu erringen, fängt er an, unruhig zu werden; schießt er um den ersten Preis, wird er blind, sieht zwei Ziele und verliert die Beherrschung. Sein Können ist dasselbe, aber der Preis spaltet ihn. Er ist ihm wichtig! Er denkt mehr ans Gewinnen als ans Schießen, und der Zwang zu gewinnen schwächt ihn."

Gilt dieses Bild nicht für die meisten Menschen?

Wenn man nicht für Erfolg lebt, verfügt man über all sein Können, besitzt man all seine Kräfte, ist man entspannt, sorgt man sich nicht, es macht einem nichts aus, ob man verliert oder gewinnt.

ANTHONY DE MELLO

17. JULI

Neue Augen und ein neues Herz

Schöne Dinge sehen! Das vermag nur, wer in seinem Innern offen und frei geworden ist, wer sich entspannen kann, wer zur Ruhe gekommen ist. Mit dem Fuß auf dem Gaspedal siehst du alles nur flüchtig. Den Kopf in Akten, das Herz in Begierden begraben, siehst du gar nichts mehr. Alles wird langweilig und öde.

Ferien heißt zur Ruhe kommen. Schöne Dinge sehen! Hast du je eine Birke betrachtet, ihr zartes Blatt gefühlt? Weißt du, dass keine zwei Blätter ganz gleich sind? Alles Maßarbeit, keine Massenanfertigung. Hast du schon mal über Apfelbaum und Birnbaum gestaunt, die im Garten nahe beieinander stehen? Mit ihren Füßen stecken sie im selben Boden, holen ihre Nahrung aus demselben Boden, und auf ihre Zweige scheint dieselbe Sonne. Der Apfelbaum macht daraus Äpfel und der Birnbaum Birnen, Äpfel und Birnen aus demselben Grund und Boden und doch so verschieden in Form, Farbe, Duft, Geschmack. Phantastisch! Aber wer hat Augen, das zu sehen?

Es ist höchste Zeit, dass wir andere Augen bekommen. Augen, um schöne Dinge zu sehen! Aber vielleicht muss sich dazu erst das Herz verändern.

PHIL BOSMANS

18. JULI

Glück fällt dir nicht in den Schoß

Glück ist eigentlich ein anderer Name für Frieden, Zufriedenheit, Freundschaft, Freude. Diese Dinge fallen dir nicht in den Schoß. Du kannst sie nicht einfach von anderen fordern. Aber du bekommst sie gratis, wenn du deine Müdigkeit überwindest und selber etwas in die Hand nimmst, wenn du den Menschen Vertrauen entgegenbringen kannst, wenn du auch in der größten Not daran glaubst, dass alles einmal anders wird.

PHIL BOSMANS

Liebe und Angst

Es gibt nur eines auf der Welt, was von Übel ist, nämlich Angst. Es gibt nur eines auf der Welt, was gut ist, nämlich Liebe. Sie hat manchmal auch andere Namen. Manchmal nennt man sie Glück, Freiheit, Frieden, Freude, Gott oder wie auch immer. Aber das Etikett ist nicht so wichtig. Jedenfalls gibt es kein einziges Übel auf der Welt, das sich nicht auf Angst zurückführen ließe; kein einziges. Daher rührt alles Übel, daher rührt auch Ihre Gewalttätigkeit. Wer wirklich gewaltlos ist – unfähig zu Gewalt – ist ein furchtloser Mensch. Nur wer sich fürchtet, ärgert sich.

Erinnern Sie sich daran, wie Sie sich das letzte Mal geärgert haben, und suchen Sie nach der Angst, die dahinter steckte. Fürchteten Sie, etwas zu verlieren? Fürchteten Sie, man könnte Ihnen etwas wegnehmen? Daher rührt nämlich der Ärger.

Denken Sie einmal an jemanden, der verärgert ist, vielleicht an jemanden, den Sie fürchten. Merken Sie, wie viel Angst er oder sie hat? Er hat wirklich und tatsächlich Angst. Sie hat wirklich Angst, sonst wäre sie nicht so verärgert. Letztlich gibt es nur zwei Dinge: Liebe und Angst.

ANTHONY DE MELLO

Ein wunderbarer Zustand

Wenn Ihnen nichts mehr etwas anhaben und niemand Sie mehr verletzen kann, Sie nichts und niemanden mehr fürchten werden: Ist das nicht wunderbar? Sie werden wie ein König oder eine Königin leben. Das heißt königlich zu leben und nicht so ein Unsinn, wie Ihr Foto in der Zeitung zu sehen oder eine Menge Geld zu haben. Das ist es wirklich nicht. Sie fürchten niemand, weil Sie vollkommen damit zufrieden sind, niemand zu sein. Erfolg oder Versagen berühren Sie nicht, sie bedeuten Ihnen nichts. Ansehen oder Schande bedeuten alles nichts! – Ist das nicht ein wunderbarer Zustand!

Manche erreichen dieses Ziel mit Mühe und Geduld Schritt für Schritt, über Wochen und Monate des Bewusstwerdens ihrer selbst. Und etwas kann ich Ihnen versprechen: Ich habe noch niemanden gesehen, der sich dafür Zeit genommen hat und der nach ein paar Wochen keinen Unterschied bemerkt hätte. Die Lebensqualität ändert sich und man ist nicht mehr auf Meinungen angewiesen. Man ist anders, man reagiert anders. Genauer gesagt. Man reagiert weniger und agiert mehr. Man hat viel mehr Energie, viel mehr Leben.

ANTHONY DE MELLO

21. JULI

Herzensbildung

Um sich in der Fülle der täglichen Informationen und Meldungen zurechtzufinden, braucht es die Gabe der Unterscheidung. Sie weiß, was Tiefe besitzt und weiterführt, was letztlich und in Wahrheit gut ist. Nicht das Alltagswissen kann da helfen, sondern der lebendige Umgang mit den aus Erfahrungen gewachsenen Kenntnissen, mit denen wir jeden Tag mit den Wurzeln des Daseins in Beziehung setzen.

Darum geht es und wird es heute mehr und mehr gehen: um eine Bildung nicht nur des Verstandes, sondern vor allem des Herzens. So erst finden wir zu einer lebendigen Weisheit, die uns als ganzen Menschen erfüllt, uns im Innern erreicht und die Tage wärmer macht, die Hoffnung auf ein gegenseitiges Verstehen der Menschen kraftvoller und den Mut zu mehr gelebter Menschlichkeit entschlossener.

THOMAS ROMANUS

22. JULI

Weisheit in Natur und Herz

Die Anweisungen des Schöpfers sind niedergeschrieben in unseren Herzen und Gedanken, in den heiligen Schriften der Natur, die jeder für sich selbst lesen kann tagtäglich in den kleinen Geschöpfen, in den Gräsern und Bäumen, in den wachsenden Dingen, in Wind und Donner und Regen, in den Meeren, Seen und Flüssen, in Gebirgen, Felsen und Sand, in der gewaltigen Kraft der Sonne, dem Zauber von Großmutter

Mond, in den Geheimnissen der Sterne. All diese spirituellen Wesen sind unsere Lehrer.

Und auch wir haben spirituelle Wesen in uns, und sie können uns etwas von der Weisheit unserer Herzen lehren. Der Schöpfer hat uns das Wissen von Schönheit und Liebe und Freude und Frieden in unsere Herzen gegeben, damit sie uns lehren und uns den wahren Pfad des Lebens führen.

SAUPAQUANT: AKWESASNE

23. JULI

„Es geht ja weiter!"

Wie gut, dass Hoffnung nicht zu kaufen ist oder an den Meistbietenden versteigert wird! Gut, dass Hoffnung nicht studiert werden kann, um dann allen erfolgreichen Absolventen verliehen zu werden.

Hoffnung ist nicht abhängig von Reichtum oder Ansehen, Begabungen oder Beziehungen. Hoffnung ist ein Geschenk. Sie kommt wie der junge Morgen nach einer langen Nacht. Sie kommt wie das erste Lächeln nach tiefer Traurigkeit. Sie kommt mit einem Händedruck oder in einem gar nicht mehr erwarteten Brief. Sie kommt nach langem Warten und Suchen oder bei einem einfachen Gebet. Sie kommt dann, wenn du die Augen wieder aufschlägst und erstaunt feststellst: „Es geht ja weiter!"

RAINER HAAK

24. JULI

Die Kunst des Möglichen

Es ist sinnvoll und manchmal not-wendig, immer wieder den eigenen Standpunkt zu hinterfragen. Wenn Erfahrungen, die dir bisher undenkbar schienen, auf einmal wahr werden, entdeckst du neue Sichtweisen. Sie konfrontieren deine Ideale, Ideen oder Vorstellungen mit der Wirklichkeit zwar auf häufig schmerzhafte Weise. Doch im Rückblick betrachtet, erweisen sich solche Situationen als heilsam, weil sie uns vor Enttäuschungen und Illusionen bewahren. […] Das Glück ist die Kunst des Möglichen.

THOMAS ROMANUS

25. JULI

Die Dinge schwingen ineinander

Es muss dies eine von jenen Tagesfrühen gewesen sein, wie es solche im Juli gibt: neue, ausgeruhte Stunden, in denen überall etwas Frohes, Unüberlegtes geschieht. Aus Millionen kleinen ununterdrückbaren Bewegungen setzt sich ein Mosaik überzeugtesten Daseins zusammen; die Dinge schwingen ineinander hinüber und hinaus in die Luft, und ihre Kühle macht den Schatten klar und die Sonne zu einem leichten, geistigen Schein.

Da gibt es im Garten keine Hauptsache; alles ist überall, und man müsste in allem sein, um nichts zu versäumen.

RAINER MARIA RILKE

26. JULI

Das Geheimnis (1)

Ich mache mich auf die Suche nach der Quelle des Glücks: Ich stelle mir einen glücklichen Menschen vor, der arm ist, und schaue mir sein Leben genau an. Ich unterhalte mich mit ihm und versuche zu ergründen, was diesen Menschen glücklich macht …

Ich denke an einen fröhlichen Menschen mit schwacher Gesundheit … mit körperlichen Schmerzen … und komme auch mit ihm ins Gespräch, um herauszufinden, was ihn glücklich macht …

Ich mache es ebenso mit einem glücklichen Menschen, der sein Ansehen verloren hat …

ANTHONY DE MELLO

27. JULI

Das Geheimnis (2)

Dann beobachte ich unglückliche Leute, die frei sind und wohlhabend … einflussreich … angesehen … Ich spreche mit ihnen – und höre mir bei der Unterhaltung ihre Klagen aufmerksam an …

Gestern hatte ich Gelegenheiten, mich zu freuen, und habe sie nicht einmal bemerkt. Jetzt erst sehe ich sie …

Endlich sehe ich mich selber von Stunde zu Stunde durch den heutigen Tag gehen in Dank – und Glück …

ANTHONY DE MELLO

Mein Haus sichten (1)

Ich möchte Sie anregen, auf dem Hintergrund des Gleichnisses von der verlorenen Drachme (Lukas 15,8–19) einmal Ihr Lebenshaus zu malen. Es kommt nicht darauf an, dass Sie es schön malen. Zeichnen Sie Ihr Haus mit allen Stockwerken und Zimmern.

Was ist da alles im Keller? Gibt es da verschlossene Räume, zu denen Sie gar keinen Zutritt haben? Oder Räume, vor denen Sie Angst haben, weil da vielleicht Sprengstoff lagern könnte, oder weil da viel Verdrängtes herumliegt und die Fundamente des Hauses anfrisst? Wie ist das Erdgeschoss? In welchen Räumen halten Sie sich meistens auf? Wo fühlen Sie sich am wohlsten? Wo ist es kalt in Ihrem Haus? Wo laden Sie Gäste ein? Sind Sie wirklich selbst Herr in Ihrem Haus, oder sind da Untermieter, die Ihnen das Leben schwer machen, Hausbesetzer, die Sie immer mehr herausdrängen aus Ihrem Haus? Solche Untermieter und Hausbesetzer können Ängste sein, die sich in alle Räume eingeschlichen haben, oder Sorgen, Ärger, Bitterkeit, Eifersucht. Wie ist das Obergeschoss? Welche Räume bewohnen Sie da am liebsten? Wohnt Gott in allen Räumen Ihres Hauses, oder haben Sie ihn aus manchen Zimmern herausgedrängt, weil es Ihnen unangenehm ist, wenn er sehen würde, was da drinnen ist? […] Wenn Sie das Haus gemalt haben, dann können Sie in die einzelnen Zimmer hineinschreiben, was da an Gefühlen, Gedanken, Problemen und Sorgen wohnt.

ANSELM GRÜN

29. JULI

Mein Haus sichten (2)

Fragen Sie sich, wo wohl die Drachme in Ihrem Haus liegen könnte, wo Sie sich auf die Suche machen sollten oder wo Sie Gott einlassen müssten, damit er Ihnen die Drachme zeigt.

[…] Wenn Sie Ihr Haus vor Gott meditiert und durchbetet haben, dann versuchen Sie einmal, eine halbe Stunde laut mit Gott zu reden. Halten Sie Ihr Haus Gott hin, und erklären Sie es ihm. Und dann fragen Sie Gott, was er wohl dazu sagen möchte. – Versuchen Sie sich vorzustellen, dass Gott jetzt wirklich da ist. Und dann sagen Sie ihm alles, was Ihnen einfällt. Aber fragen Sie sich dabei immer wieder: Was ist die eigentliche Wahrheit meines Lebens? Wie steht es eigentlich um mich? Was sollte ich diesem Gott endlich einmal sagen, was ich bisher immer geheimgehalten habe? Wo sollte ich Gott eintreten lassen, damit er alle Kammern meines Hauses mit seinem Licht durchleuchtet?

ANSELM GRÜN

30. JULI

Sich selbst lieben

Sich selbst lieben heißt: sich annehmen. Auf den Rat, sich selbst anzunehmen, stößt man heute allerorten. Aber die Frage ist, wie ich das denn konkret tun soll. Lieben heißt gut haben, gut handhaben. Es hat etwas mit den Händen zu tun. Auch annehmen kann ich nur mit den Händen. Ich nehme etwas in meine Hände, es wird ein Teil von mir. Sich selbst annehmen heißt, sich selbst in seine Hände nehmen, zärtlich und gut mit sich umgehen. Liebe ist etwas Handgreifliches, etwas Leibhaftes. Ich gehe gut mit mir um, wenn ich meinen Leib gut behandle, ich soll ihn nicht verweichlichen, sondern durchsichtig machen auf Gott hin. Ich soll auf ihn hören. Durch Krankheit, durch Behinderungen, durch Schmerzen sagt er mir etwas über mich selbst. Was er mir sagt, das soll ich annehmen, in meine Hände nehmen, ein Teil von mir werden lassen, mich damit aussöhnen. Das Gleiche gilt für die Gedanken, die in mir aufsteigen. Auch sie soll ich annehmen, als einen Teil von mir akzeptieren.

ANSELM GRÜN

31. JULI

Ich finde dich …

Ich finde dich in allen diesen Dingen,
denen ich gut und wie ein Bruder bin;
als Samen sonnst du dich in den Geringen
und in den Großen gibst du groß dich hin.

Das ist das wundersame Spiel der Kräfte,
dass sie so dienend durch die Dinge gehn:
in Wurzeln wachsend, schwindend in die Schäfte
und in den Wipfeln wie ein Auferstehn.

RAINER MARIA RILKE

AUGUST

Was ist eigentlich „Glück“?

Die Kunst zu leben

1. AUGUST

Worauf es ankommt

Heutzutage gibt es Professoren der Philosophie, aber keine Philosophie. Dennoch kann man trefflich darüber dozieren, wie trefflich einst gelebt wurde. Um ein Philosoph zu sein, reicht es nicht aus, geistreiche Gedanken zu haben oder eine Schule zu begründen, sondern man muss die Weisheit so lieben, dass man nach ihr lebt, in Einfachheit, Unabhängigkeit, Großzügigkeit und Vertrauen. Man muss einige Rätsel des Lebens nicht theoretisch, sondern praktisch lösen.

HENRY D. THOREAU

2. AUGUST

Von Löwen und Mäusen

Ein Löwe und eine Maus stehen sich gegenüber. Wer, denken Sie, hat eher das Bedürfnis, sich groß zu machen, viel größer, als er tatsächlich ist? Die Maus natürlich! Der Löwe ist sich seiner Bedeutung bewusst, er kennt seine Größe, seine Stärke und Macht. Er weiß schließlich, wer er ist. Die Maus, die sich ihm gegenüber sehr klein fühlt, vielleicht noch kleiner, als sie wirklich ist, ihr wird daran liegen, sich aufzubäumen, um im Angesicht des Löwen nicht ganz so mickrig zu erscheinen.

Wenn jemand sich allzu gerne künstlich in Szene setzt, wenn er etwas darzustellen versucht, dann ist dies häufig ein Zeichen dafür, dass er all dies gar nicht ist. Jene, die groß reden, sich schmücken, sich über das Übliche hinaus zur Schau stellen, fühlen in sich nicht selten genau das Gegenteil. Und um der inneren Begrenztheit und Unzulänglichkeit entgegenzuwirken, wird außen mit Weite und Perfektion geprotzt.

Wer lässt sich allzu sehr beeindrucken von „großen Personen", der Löwe oder die Maus? Wer weiß, wie klein sich solche „Persönchen" selbst erleben!

Ich selbst sein, Löwe oder Maus – wie auch immer ich mich fühle, gerade jetzt, heute, morgen, zu jeder Zeit: Ich akzeptiere, dass auch ich inneren und äußeren Einflüssen unterworfen bin und mal das eine und mal das andere bin.

SASCHA VEITL

3. AUGUST

Was suchen wir? (1)

Das Geheimnis des Glücks, nach dem jede Seele strebt, beruht auf der Kenntnis unser selbst. Der Mensch strebt nach Glück, nicht etwa weil Glück sein Unterhalt, sondern weil es sein ureigenstes Wesen ist. Daher sucht er sich selbst, wenn er nach Glück sucht. Die Neigung, nach dem Glück zu suchen, entspringt dem Gefühl des Menschen, etwas verloren zu haben, was ihm immer zu eigen war, was zu ihm gehörte, was sein eigenes Selbst war, wenn er auch infolge eines Mangels an Glück, den seine Seele vom Tage ihrer Ankunft auf der Erde an empfindet und der von Tag zu Tag zunimmt, vergisst, dass sein eigenstes Wesen Glück ist. Er glaubt, Glück lasse sich erwerben. Und da er es glaubt, sucht er unablässig und in allen Richtungen danach.

HAZRAT INAYAT KHAN

4. AUGUST

Was suchen wir? (2)

Vergnügungen sind vielleicht der schwache Abglanz von wahrem Glück. Wenn ein Glück nur einen Augenblick dauert, wenn es von Dingen außerhalb von uns abhängt, ist es nur ein Vergnügen. In unserer Alltagssprache verwischen wir sehr oft den Unterschied zwischen Vergnügen und Glück. Ein Zeitvertreib, eine Unterhaltung, Belustigung, Fröhlichkeit – alles Dinge, die unsere Gedanken von unserer Verantwortung, von unseren Sorgen und Beschränkungen im Leben ablenken und uns einen Augenblick des Trostes verschaffen, lassen den Gedanken in uns aufkommen, sie seien Mittel zum Glück.

HAZRAT INAYAT KHAN

5. AUGUST

Geheimnis des Nichtstuns (1)

Gibt es überhaupt wahres Glück? Gibt es etwas, das unser Leben erhalten kann? Was soll ich tun und was soll ich glauben? Was soll ich meiden und wem soll ich folgen? Was soll ich annehmen und was zurückweisen? Was soll ich lieben und was soll ich hassen? Was die Welt schätzt, ist Reichtum, Rang, langes Leben. Was die Leute genießen, ist Gesundheit, gutes Essen, feine Kleidung, Schönheit und Musik. Was sie hassen, ist Armut, Niedrigkeit, jung sterben und hässliche Krankheit.

LAO-TSE

6. AUGUST

Geheimnis des Nichtstuns (2)

Worüber sich die Leute Sorgen machen, ist, dass ihr Leib nicht gesund bleibt und dass sie nicht imstande sein könnten, schmackhafte Speisen zu genießen, feine Kleider zu tragen, schöne Dinge zu sehen und gute Musik zu hören. Wenn sie diese Dinge nicht erhalten können, verfallen sie in tiefe Trauer und Sorge. Solches Haften an Äußerlichkeiten ist wirklich töricht. Ich betrachte Untätigkeit als das wahre Glück, während die Welt sie als großes Unglück ansieht. Es ist gesagt worden: „Vollkommenes Glück ist das Nichtvorhandensein des Strebens nach Glück; vollkommenes Ansehen ist das Nichtvorhandensein der Sorge um Ansehen."

LAO-TSE

7. AUGUST

Ein immerwährendes Sehnen

Das Geheimnis des Glücks ist unter der Hülle geistiger Erkenntnis verborgen: dass im Menschenherzen ein immerwährendes Sehnen ist, etwas von seinem Ursprung zu erfahren, etwas von seinem ursprünglichen Zustand zu erleben – von dem Zustand des Friedens und der Freude, der gestört worden ist und immer wieder gestört wird und nach dem man das ganze Leben hindurch sich sehnt und sucht, nach dem zu suchen man nicht aufhören kann, bis schließlich der wahre Ursprung gefunden und verwirklicht ist.

HAZRAT INAYAT KHAN

8. AUGUST

Wissen, was es sei – das Lebensglück

Jedermann wünscht sich ein glückliches Leben, aber wenn es zu erkennen gilt, was es sei, das das Lebensglück schaffe, dann tappen die Leute im Nebel. Vor allem muss daher unser Grundsatz sein, dass wir nicht nach Art der Tiere der vorangehenden Herde folgen. Nichts verwickelt uns in größeres Unheil, als wenn wir uns nach dem Gerede der Leute richten und das für das beste Leben halten, was allgemein Beifall findet und wofür wir viele Vorbilder haben, wenn wir, anstatt vernunftgemäß, leben wie die andern. Nur wenn wir uns von der großen Menge absondern, werden wir gesund. Es steht mit den menschlichen Verhältnissen nicht so gut, dass der Mehrheit das Bessere gefiele: Die Menge ist im Gegenteil ein Beweis für das Schlimmste. Wir müssen also fragen, welche Handlungsweise die beste, nicht welche die gewöhnlichste sei.

LUCIUS ANNAEUS SENECA

9. AUGUST

Es liegt an uns

Ein Wanderer: „Wie wird das Wetter heute?"

Der Schäfer: „So, wie ich es gerne habe."

„Woher wisst Ihr, dass das Wetter so sein wird, wie Ihr es liebt?"

„Ich habe die Erfahrung gemacht, mein Freund, dass ich nicht immer das bekommen kann, was ich gerne möchte. Also habe ich gelernt, immer das zu mögen, was ich bekomme.

Deshalb bin ich ganz sicher: Das Wetter wird heute so sein, wie ich es mag." – Was immer geschieht, an uns liegt es, Glück oder Unglück darin zu sehen.

ANTHONY DE MELLO

10. AUGUST

Nicht im Handel

Ist dir schon aufgefallen, dass die Menschen immer sagen: „Was würde ich glücklich sein, wenn ich bloß einen anderen Mann oder eine andere Frau geheiratet hätte; wenn ich mehr Geld oder ein eigenes Häuschen hätte; wenn ich weniger mit dem Rheuma zu tun hätte; wenn ..." Selten triffst du einen Menschen, der sagt: „Was bin ich doch reich, was bin ich doch glücklich! Ich habe zwei Augen, um so viel Schönes zu sehen. Zwei Füße, um zu laufen und zu springen. Ich kann singen und arbeiten, ich kann verliebt sein. Ich bin im siebenten Himmel."

Für alles in unserer Welt haben wir eine Formel gefunden, außer für das Glück. Wäre sie auf Knopfdruck zu bekommen, dann würden wir sie schon längst haben. Die Formel des Glücks kommt allein aus dem Herzen. Aber nur aus einem Herzen, das gegen alles Gewohnte einfach und ehrlich ist, gütig und den Frieden liebend, das nicht immer fordert, aber immer bereit ist zu geben. Geh mal in dein eigenes Herz und schau nach, was dort deinem Glück im Wege steht.

PHIL BOSMANS

Ein glücklicher Mensch

Ein glücklicher Mensch ist mit sich im Reinen,
und so kann er Frieden verbreiten
bei den Menschen, unter denen er lebt.
Er sieht Menschen gern, denn er hat gute Augen
für die guten Seiten der anderen.

Ein glücklicher Mensch ist nicht
in seine eigenen Probleme verliebt.
Was ihm möglich ist, macht er selbst
und erwartet nicht alles von anderen.
Er denkt nicht, Glück sei wie das große Los
in der Lotterie, sondern er weiß:

Glück ist wie ein Schatten, der dir folgt,
wenn du nicht daran denkst.
Glück ist wie ein Echo, das dir antwortet,
wenn du dich selbst gibst.

Ein glücklicher Mensch bringt Segen,
ein unglücklicher Mensch macht Sorgen.
Ein glücklicher Mensch ist nicht gefährlich.
Er weiß: Glück besteht aus vielen Teilen,
und ein Teil ist immer zu kurz.
Aber er starrt nicht auf das, was ihm fehlt,
sondern freut sich über das, was er hat.

PHIL BOSMANS

12. AUGUST

Zuhören

Ein Mann, der die dauernden Streitigkeiten mit seiner Frau nicht länger ertragen konnte, bat den Meister um Rat und Hilfe. […] „Du mußt lernen, deiner Frau zuzuhören“, sagte der Meister. „Und wenn du sicher bist, dass du diese Regel beherrschst, dann komme wieder zu mir.“

Nach drei Monaten sprach der Mann wieder beim Meister vor und erklärte, er habe jetzt gelernt, auf jedes Wort, das seine Frau sagt, zu hören.

„Gut“, sagte der Meister mit einem Lächeln. „Wenn du in einer glücklichen Ehe leben willst, musst du jetzt noch lernen, auf jedes Wort zu hören, das sie nicht sagt.“

NORBERT LECHLEITNER

13. AUGUST

Das Glück ist nicht zu haben

Ganz überrascht lese ich in meinem Tagebuch folgenden Satz: „Ich bin glücklich, wenn das Unglücklichsein in meinem Leben Platz haben darf.“ Wahres Glück ereignet sich im Genießen des Geschenkcharakters unseres Lebens und im Annehmen unserer Begrenztheit. So erfahre ich ein erfülltes und glückliches Menschsein, weil es Zeiten des Lachens und des Weinens, der Konflikte und der Versöhnung, des Hoffens und der Zweifel, des Suchens und Findens geben darf und immer geben wird.

PIERRE STUTZ

14. AUGUST

Ich bin zu Hause zwischen Tag und Traum

Ich bin zu Hause zwischen Tag und Traum.
Dort wo die Kinder schläfern, heiß vom Hetzen,
dort wo die Alten sich zu Abend setzen,
und Herde glühn und hellen ihren Raum.

Ich bin zu Hause zwischen Tag und Traum.
Dort wo die Abendglocken klar verklangen
und Mädchen, vom Verhallenden befangen,
sich müde stützen auf den Brunnensaum.

Und eine Linde ist mein Lieblingsbaum;
und alle Sommer, welche in ihr schweigen,
rühren sich wieder in den tausend Zweigen
und wachen wieder zwischen Tag und Traum.

RAINER MARIA RILKE

15. AUGUST

Nichts mehr zu lachen

Wenn alles so traurig ist, dass keiner mehr lachen kann, und alles so aussichtslos, dass es nichts mehr zu lachen gibt, dann kann allein der Humor immer noch ein Lächeln hervorzaubern. Nicht weil es Freude gibt, gibt es Humor, sondern dort, wo alle Freude gestorben ist, an den dunklen Tagen voller Ängste, gerade dort lebt der Humor. PHIL BOSMANS

Der Meister nahm einen Stift …

Zum Meister kam ein Mann und bat ihn, er möge einen Gedanken niederschreiben, der ihm und seiner Familie Anregung und Verpflichtung sein möge, damit das Glück seinem Hause gewogen bleibe.

Der Meister nickte nachdenklich. Dann nahm er einen Stift und schrieb:

Vater stirbt. Sohn stirbt. Enkel stirbt.

Das war nun gar kein so weises und glückverheißendes Motto in dem Sinne, wie es sich der Mann erhofft hatte. „Willst du mich verhöhnen?“, rief er verärgert. „Natürlich werden wir alle sterben. Aber das ist doch kein Glücksmotto, das meiner Familie hilft!“

„Ich hatte nicht die Absicht, dich zu verärgern“, sagte der Meister. „Und der Gedanke, den ich dir aufgeschrieben habe, ist tatsächlich ein Gedanke des Glücks. Denn bedenke das Unglück, wenn dein Sohn vor dir sterben würde. Wenn dein Enkel vor deinem Sohn sterben würde, wie stände es dann um euer Glück? Wenn in deiner Familie viele Generationen lang in der von mir geschriebenen Reihenfolge gestorben wird, so ist das der natürliche, von keinen schmerzlichen Verlusten erschütterte Ablauf des Lebens. Das nenne ich wahres Glück.“

NORBERT LECHLEITNER

17. AUGUST

Stoßdämpfer

Humor trägt die Menschen durch die Wüsten des Lebens und sorgt dafür, dass sie nicht zugrunde gehen, in lauter Weh und Ach.

Humor lehrt relativieren. Humor hilft, trotz allem zu lachen. Humor findet man nicht durch krampfhaftes Suchen. Humor ist ein Geschenk. Humor lässt den Kopf lachen, während das Herz weint. Man entdeckt plötzlich, wie Elefanten Mäuschen gebären, wie aufgeblasen Menschen sind, die andere heruntermachen. Und man wird weniger empfindlich. Wenn es im Leben kracht, ist Humor ein guter Stoßdämpfer.

PHIL BOSMANS

18. AUGUST

Seltsame Sachen

Warum sind so viele steinreiche Menschen so unzufrieden und so unglücklich? Sie liegen festgebunden mit einer Kette, mit der sie alles für sich haben wollen. Glück hat nichts zu tun mit Besitz. Es liegt nicht an fernen Palmenstränden, es kommt auch nicht per Euroscheck. Sorge für ein zufriedenes Herz, dann wird das Glück dir folgen. Lass andere es an der Riviera suchen. [...]

Um glücklich zu sein, ist nicht wichtig, mehr zu besitzen, sondern weniger zu begehren.

PHIL BOSMANS

19. AUGUST

Glückseligkeit

Jesus sprach mit gesundem Menschenverstand zu einfachen Leuten, zu Hungernden und Armen. Er verkündete ihnen die gute Nachricht: Jetzt seid ihr an der Reihe. Doch wer hört schon zu? Es interessiert ja niemand, sie schlafen weiter …

ANTHONY DE MELLO

20. AUGUST

Anders sehen Kinder die Natur

Der gewöhnliche Mensch, der mit den Menschen lebt und die Natur nur so weit sieht, als sie sich auf ihn bezieht, wird dieses rätselhaften und unheimlichen Verhältnisses selten gewahr. Er sieht die Oberfläche der Dinge, die er und seinesgleichen seit Jahrhunderten geschaffen haben, und glaubt gerne, die ganze Erde nehme an ihm teil, weil man ein Feld bebauen, einen Wald lichten und einen Fluss schiffbar machen kann. Sein Auge, welches fast nur auf Menschen eingestellt ist, sieht die Natur nebenbei mit, als ein Selbstverständliches und Vorhandenes, das so viel als möglich ausgenutzt werden muss. Anders schon sehen Kinder die Natur; einsame Kinder besonders, welche unter Erwachsenen aufwachsen, schließen sich ihr mit einer Art von Gleichgesinntheit an und leben in ihr, ähnlich den kleinen Tieren, ganz hingegeben an die Ereignisse des Waldes und des Himmels und in einem unschuldigen, scheinbaren Einklang mit ihnen.

RAINER MARIA RILKE

21. AUGUST

Glück ist Ansichtssache

Eine chinesische Geschichte erzählt von einem alten Bauern, der ein altes Pferd für die Feldarbeit hatte. Eines Tages entfloh das Pferd in die Berge, und als alle Nachbarn des Bauern sein Pech bedauerten, antwortete der Bauer: „Pech? Glück? Wer weiß?“

Eine Woche später kehrte das Pferd mit einer Herde Wildpferde aus den Bergen zurück, und diesmal gratulierten die Nachbarn dem Bauern wegen seines Glücks. Seine Antwort hieß: „Glück? Pech? Wer weiß?“

Als der Sohn des Bauern versuchte, eines der Wildpferde zu zähmen, fiel er vom Rücken des Pferdes und brach sich ein Bein. Jeder hielt das für ein großes Pech. Nicht jedoch der Bauer, der nur sagte: „Pech? Glück? Wer weiß?“

Ein paar Wochen später marschierte die Armee ins Dorf und zog jeden tauglichen jungen Mann ein, den sie finden konnte. Als sie den Bauernsohn mit seinem gebrochenen Bein sahen, ließen sie ihn zurück. War das nun Glück? Pech? Wer weiß?

ANTHONY DE MELLO

22. AUGUST

Menschen, die auf dem Kopf stehen

Vollkommenes Glück wird Erfolg genannt. Wenn die Alten von Erfolg sprachen, meinten sie nicht die Merkmale von Rang und Ehre; sie verstanden unter Erfolg den Zustand, in dem das eigene Glück vollkommen ist. Der heutige Mensch versteht unter Erfolg Rangabzeichen und Ehrenzeichen. Aber Rangabzeichen und Ehrenzeichen auf dem Leib eines Menschen haben mit seiner ursprünglichen Persönlichkeit nichts zu tun.

Wer in Erfolg und Misserfolg gleich glücklich ist, ist ohne Leid. Wenn einer unglücklich ist, weil ihm erborgte Dinge genommen werden, hatte offenbar sein wahres Selbst bereits verloren, als er glücklich war. Darum heißt es: „Die, welche ihr Selbst an materielle Dinge und ihr wahres Wesen an die materiellen Werte verlieren, sind Menschen vergleichbar, die auf dem Kopfe stehen."

LAO-TSE

23. AUGUST

Sehnsucht nach dem Guten

Glück ist kein Ziel, sondern eine Randerscheinung, die entdeckt werden will. Nicht ein Wegweiser, sondern ein Schritt, der erst gegangen werden muss, damit er weiterführen kann.

Glücksmomente mögest du erleben, die dich mit Leib und Seele spüren lassen, dass du auf dem richtigen Weg bist: auf deinem eigenen.

Es gibt keinen Weg zum Glück, nur das Glück am Wege. In diesem Sinne wünsche dir, dass dir dein Leben glückt, auch wenn du nicht immer nur glücklich sein kannst.

THOMAS ROMANUS

24. AUGUST

Mit sehr wenig zufrieden sein

Ich habe lange Zeit gedacht, dass der Weg zum Glück über meine Wunschliste führt. Mit jedem neuen, teuren Stück glaubte ich, mir etwas Gutes zu tun. Doch heute weiß ich, dass ich mir etwas vorgemacht habe. Verdienen und das Geld wieder ausgeben wurde für mich zum Lebenszweck.

Wie gut, dass Glück andere Gründe hat: Vertrauen, Liebe, Glauben, Verzeihen, Dankbarkeit – und die Freude an den kleinen Dingen.

RAINER HAAK

25. AUGUST

Das ruhelose Rad unserer Wünsche (1)

Wenn es einem gut geht, dann wundert man sich darüber, wie man sich verhalten würde, wenn man krank wäre; wenn man es ist, nimmt man fröhlich seine Medizin: Die Krankheit zwingt uns dazu. Man hat nicht mehr die Leidenschaften und das Verlangen nach Zerstreuung und Spaziergängen, welche die Gesundheit uns gab und die mit den Notwendigkeiten der Krankheit unvereinbar sind. Die Natur gibt uns dann Wünsche, die dem augenblicklichen Zustand entsprechen. Nur die Ängste, die wir uns selbst bereiten, verwirren uns, und nicht die Natur; denn diese Ängste fügen zu dem Zustand, in dem wir uns befinden, die Leidenschaften des Zustandes, in dem wir uns nicht befinden.

BLAISE PASCAL

26. AUGUST

Das ruhelose Rad unserer Wünsche (2)

Unsere Sehnsüchte schaffen sich einen Zustand des Glückes; denn zu dem Zustand, in dem wir uns befinden, fügen sie die Freuden des Zustandes, in dem wir uns nicht befinden; und wenn wir diese Freuden erlangen würden, so wären wir darum nicht glücklich, weil wir dann andere Wünsche hätten, die dem neuen Zustand entsprächen. – Man muss diesen allgemeinen Satz auf das Einzelne anwenden.

BLAISE PASCAL

27. AUGUST

Was meine Seele wirklich braucht

Wenn es nach der Werbung geht, würde das Leben viel einfacher und zugleich aufregender sein. […] Die Werbung spricht meine Träume und Sehnsüchte an. Doch ich weiß genau, dass sie durch die angebotenen Produkte nicht erfüllt werden! Im Gegenteil! Ich gebe viel zu viel Geld für Dinge aus, die ich nicht brauche und die mich nur davon ablenken, wirklich und intensiv zu leben.

Ich will fragen, was meine Seele wirklich braucht. Ich will ihre Sehnsucht ernst nehmen und mich nicht länger mit Ersatzlösungen zufriedengeben.

RAINER HAAK

28. AUGUST

Was ist das Ich?

Wenn man mich um meines Urteils, meines Gedächtnisses willen liebt, liebt man dann mich? Nein! Denn ich kann diese Eigenschaften verlieren, ohne mich selbst zu verlieren. Wo ist also dieses *Ich,* wenn es weder im Leibe noch in der Seele ist? Und wieso liebt man den Leib oder die Seele, wenn nicht um dieser Eigenschaften willen, die nicht das sind, was das Ich konstituiert, da sie vergänglich sind? Könnte man denn die seelische Substanz einer Person abstrakt lieben und irgendwelche Eigenschaften, die sich darin befinden? Das ist unmöglich und wäre ungerecht. Man liebt also nie jemanden, sondern immer nur Eigenschaften. – Man mache sich also nicht mehr lustig über die, welche sich um ihrer Ämter und Aufgaben willen ehren lassen, denn man liebt die Menschen nur um geborgter Eigenschaften willen.

BLAISE PASCAL

29. AUGUST

Den Sonnenuntergang miterleben …

Eben noch war es taghell. Jetzt stehe ich mit meinen Kindern am Flussufer, und wir blicken fasziniert in die Ferne. Die Sonne nähert sich dort wie ein roter Feuerball langsam dem Horizont. Wir erleben mit, wie sich die Welt um uns verändert. Plötzlich ist es fast dunkel. Am Horizont erinnert nur noch ein schwacher, rötlicher Lichtstreifen an die Sonne, die uns heute den ganzen Tag über begleitet hat.

Wir sind noch ganz beeindruckt von dem Schauspiel, das sich uns geboten hat. Noch lange sprechen wir über die Sonne und die Erde, das Licht und die Dunkelheit, die Wärme und die Kälte. Und erst, als wir zu frieren beginnen, machen wir uns erfüllt und schweigend auf den Heimweg.

Es gibt Dinge, für die brauchen wir Zeit. Dann können wir das Staunen lernen über das Leben und die Ewigkeit. Dann erfahren wir etwas über die Liebe und die Hoffnung – und über das Glück, ein Mensch zu sein.

RAINER HAAK

30. AUGUST

Eine einzige Stunde

In Stunden, da du nichts außer dir hast, das dich erfreuen oder lieblich beschäftigen könnte, kannst du, in dich selbst geschmiegt, dich mit deinen eigenen Gedanken besprechen und eine Unterhaltung in dir selbst finden, die dich den angenehmsten Umgang und die ausgesuchtesten Ergötzungen nicht vermissen lässt. Lass keine dieser glücklichen, aber geflügelten Stunden ungenossen vorbeigehen, da die Seele in einer erwünschten Einsamkeit aufgelegt ist, sich selbst glücklich zu machen.

Eine einzige solche Stunde wird einen sanften Glanz auf ganze Tage verbreiten und dir eine neue Kraft zum wahren Leben einflößen.

CHRISTOPH MARTIN WIELAND

31. AUGUST

Was ist Glück?

Was ist Glück? Die einen meinen damit den Hauptgewinn im Lotto, die anderen verstehen darunter eine tiefe Zufriedenheit. Für den einen hat Glück etwas mit Erfolg zu tun, für den anderen mit der großen Liebe.

Es gibt viele Menschen, die felsenfest der Meinung sind, dass das Glück einen großen Bogen um sie macht. Obwohl sie sich die größte Mühe geben, will nichts in ihrem Leben so richtig gelingen. Weder begegnet ihnen die große Liebe noch sind sie beruflich erfolgreich. Stattdessen wird direkt vor ihrer Wohnung eine Durchgangsstraße gebaut oder verlieren ihre Aktien ständig an Wert.

Ob sie wirklich glücklicher wären, wenn sie mehr Geld verdienen würden? Ob sie zufrieden wären, wenn die Straße doch nicht gebaut würde? Und ob die große Liebe halten und das Glück garantieren würde?

Vielleicht kommt das Glück auch noch zu ihnen. Es muss ja nicht der Hauptgewinn sein, es kann auch einfach das Gefühl sein, gerne zu leben.

RAINER HAAK

SEPTEMBER

Der Himmel ist ganz nah

Geschwister: Glück und Spiritualität

1. SEPTEMBER

Stilles Glück

Monatelang bewarb sich ein Freier erfolglos um ein Mädchen und litt schreckliche Qualen, dass er abgewiesen wurde. Schließlich gab die Liebste nach. „Komm dann und dann dort und dorthin“, sagte sie zu ihm.

Endlich saß also der Freier zur festgesetzten Zeit am festgesetzten Ort neben seiner Liebsten. Er griff in die Tasche und zog ein Bündel Liebesbriefe heraus, die er ihr in den letzten Monaten geschrieben hatte. Es waren leidenschaftliche Briefe, die von seinem Schmerz sprachen und von dem brennenden Wunsch, die Wonnen der Liebe und Vereinigung zu kosten. Er begann, sie seiner Liebsten vorzulesen. Stunden vergingen, und er las immer weiter. Schließlich sagte die Frau: „Was bist du doch für ein Narr! Diese Briefe handeln alle von mir und deiner Sehnsucht nach mir. Nun sitze ich doch hier neben dir, und du liest weiter deine dummen Briefe vor.“

ANTHONY DE MELLO

2. SEPTEMBER

Eifriger Anhänger

„Hier sitze ich neben dir“, sagte Gott zu seinem eifrigen Anhänger, „und du zerbrichst dir den Kopf über mich, bemühst deine Zunge, um über mich zu reden, und Bücher, um über mich zu lesen. Wann wirst du still und spürst mich?“

ANTHONY DE MELLO

„Wähle!"

Gott hatte einmal Erbarmen mit einem Menschen, der sich über sein zu schweres Kreuz beklagte. Er führte ihn in einen Raum, wo alle Kreuze der Menschen aufgestellt waren, und sagte zu ihm: „Wähle!"

Der Mensch machte sich auf die Suche. Da sah er ein ganz dünnes Kreuz, aber dafür war es sehr lang und größer als sein eigenes. Er sah ein ganz kleines, aber als er es aufheben wollte, war es schwer wie Blei. Dann sah er eins, das gefiel ihm, und er legte es auf seine Schultern. Doch gerade an der Stelle, wo es auf der Schulter auflag, hatte es eine scharfe Spitze, die ihm wie ein Dorn ins Fleisch drang. So hatte jedes Kreuz etwas Unangenehmes, und als er alle Kreuze angesehen hatte, hatte er noch immer nichts Passendes gefunden.

Dann entdeckte er eins, das hatte er übersehen, weil es so versteckt stand. Es war nicht zu schwer, nicht zu groß, so richtig handlich, wie geschaffen für ihn. Dieses Kreuz wollte er in Zukunft tragen. Und als er näher hinschaute, merkte er, dass es sein Kreuz war, das er bisher getragen hatte.

ADALBERT VON CHAMISSO

4. SEPTEMBER

Der Himmel ist mir ganz nah

Es gibt Zeiten, in denen kommt es mir vor, ich würde durch die Hölle gehen: Ein geliebter Mensch stirbt, oder ich glaube, selbst dem Tod ganz nahe zu sein. Ich halte die Schmerzen nicht aus oder traue mich vor lauter Angst nicht mehr aus dem Haus. Ich mag mich selbst nicht mehr. Ich leide unter der Lieblosigkeit oder Brutalität meiner Mitmenschen.

Zum Glück geschieht das aber nicht oft. Zum Glück lebe ich meistens sehr gern. Zum Glück freue ich mich immer wieder meines Lebens. Zum Glück halten keine Enttäuschung und kein Schmerz auf Dauer an. Zum Glück überwinde ich irgendwann meine Angst. Zum Glück mag ich mich meistens und lerne immer wieder sehr liebevolle, freundliche Menschen kennen.

RAINER HAAK

5. SEPTEMBER

Was das Leben zum Leuchten bringt

Eine Kerze kann ein schönes Sinnbild sein. Sie brennt still und langsam, erfüllt den sie umgebenden Raum mit Licht und einer Atmosphäre, die vieles atmet, was sich nicht sehen oder selten Worte finden lässt. Aber sie brennt nicht nur für andere, sie verzehrt sich auch für das Licht. Sie fragt nicht nach dem Sinn, sondern ist einfach da und verschenkt Helligkeit an jeden, der in ihre Nähe kommt. Sie erschafft einen eigenen Lebensraum, setzt ihre kostbare Flamme dem Wind aus und riskiert zu verlöschen, bevor ihre Kraft am Ende ist. Solange sie brennt und dabei immer kleiner wird, gibt sie uns die Möglichkeit zu erfahren, was unser Leben zum Leuchten bringen kann.

Wünsche dir, dass du wie eine Kerze dein Licht teilst und weiterreichst, dass du von deinem Licht verschenkst, ohne selbst dabei ärmer zu werden.

THOMAS ROMANUS

6. SEPTEMBER

Es gibt noch Engel

Sie leben und arbeiten für Menschen, die weniger Glück hatten. Sie zählen die Stunden nicht, und ihre Liebe zu den Menschen ist größer als ihr Streben nach Geld und Besitz. Sie reichen ihnen die Hände und bieten ihre Freundschaft an. Sie machen Zimmer sauber und decken den Tisch. Sie gehen mit Einsamen spazieren. Sie kümmern sich um Arbeitsplätze. Sie gehen in Gefängnisse. Sie sorgen für eine warme Wohnung. Sie streichen an und reparieren. Wenn sie nicht wären, würden viele keinen Tisch, kein Bett, keine Hilfe und keine Freundschaft gefunden haben. Viele Herzen wären vor Kälte gestorben.

Es gibt noch Engel – mitten unter uns. Sie haben keine Flügel, aber ihr Herz ist ein sicherer Hafen für alle, die in Not geraten sind durch die Stürme des Lebens.

PHIL BOSMANS

Stelle dir dein Wesen vor

Stelle dir dein Wesen als einen tiefen See mit kleiner Oberfläche vor. Die Oberfläche ist das Bewusstsein. Dort ist es hell, dort geht das vor sich, was wir denken heißen. Der Teil des Sees aber, der diese Oberfläche bildet, ist ein unendlich kleiner. Er mag der schönste, der interessanteste Teil sein, denn in der Berührung mit Luft und Licht erneuert, verändert, bereichert sich das Wasser. Aber die Wasserteile selbst, die an der Oberfläche sind, wechseln unaufhörlich. Immer steigt es von unten, sinkt von oben, immer geschehen Strömungen, Ausgleichungen, Verschiebungen, jeder Teil Wassers will auch einmal oben sein. – Wie nun der See aus Wasser, so besteht unser Ich oder unsre Seele (es ist nichts an den Worten gelegen) aus tausend und Millionen Teilen, aus einem stets wachsenden, stets wechselnden Gut von Besitz, von Erinnerungen, von Eindrücken. Was unser Bewusstsein davon sieht, ist die kleine Oberfläche. Den unendlich größeren Teil ihres Inhalts sieht die Seele nicht. Reich und gesund nun und zum Glück fähig scheint mir die Seele, in der aus dem großen Dunkel nach dem kleinen Lichtfelde hin ein beständiger, frischer Zuzug und Austausch vor sich geht.

HERMANN HESSE

8. SEPTEMBER

Das Glück der anderen

Ich bin kein Theoretiker. Das Buch, das ich gelesen, die Universität, an der ich gelernt habe, ist der lebendige Mensch.

Mensch, du bist nicht gemacht für Industrie und Produktion, für Konto und Konsum. Du bist gemacht, um „Mensch" zu sein. Du bist geschaffen für das Licht, für die Freude, um zu lachen und zu singen, um zu leben in Liebe und um da zu sein für das Glück der Menschen um dich herum. Du bist geschaffen nach dem Bild eines Gottes, der Liebe ist. Mit Händen, um zu geben, mit einem Herzen, um zu lieben, und mit zwei Armen, die sind gerade so lang, einen anderen zu umarmen.

PHIL BOSMANS

9. SEPTEMBER

Machtlos

Wer über das Leben nachdenkt, stößt unvermeidlich auf die Machtlosigkeit des Menschen. Täglich passieren viele Dinge, an denen du nichts machen kannst. Du kannst sie nicht verhindern, ob du viel oder wenig Geld hast, ob du ein einsamer Mensch bist und viel Kummer hast oder ein Glückspilz, dem im Leben scheinbar alles gelingt.

PHIL BOSMANS

Einfach aufgeben

Wie können Sie von einem Menschen, der an etwas krampfhaft festhält, erwarten, dass er sich auf das weite Meer des Glücks hinauswagt, das Reich Gottes heißt? Genauso gut kann man von einem Kamel erwarten, dass es durch ein Nadelöhr geht!

Das Tragische an solchem Festhalten ist freilich, dass es unglücklich macht, sobald man nicht bekommt, woran man sich klammert. Und bekommt man es, macht es ebenso wenig glücklich – es verschafft uns nur das schnelle Vergnügen, den Genuss, gefolgt vom Überdruss und seinem selbstverständlichen Begleiter: der Angst, es wieder zu verlieren.

Sie werden sagen: „Darf ich denn mein Herz nicht an ein Einziges hängen?" Selbstverständlich! An so vieles, wie Sie möchten. Doch jede einzelne Abhängigkeit kostet Sie ein Stück Ihres Glückes. Denken Sie daran: Abhängigkeiten sind von Natur aus so, dass noch so viele an einem einzigen Tag befriedigte Sie nicht glücklich machen können, wenn eine einzige offen bleibt, die Ihnen keine Ruhe lässt und Sie unglücklich macht. Es gibt keinen Weg, den Kampf gegen Abhängigkeiten zu gewinnen. Genauso gut können Sie nach trockenem Wasser suchen wie nach einer Abhängigkeit, die nicht unglücklich macht. Noch niemand hat jemals ein Patentrezept dafür gehabt, das, woran man hängt, ohne Kampf, Angst, Zittern und – früher oder später – ohne Niederlage zu behalten. Nur so ist der Kampf gegen Abhängigkeiten zu gewinnen: Geben Sie sie einfach auf.

ANTHONY DE MELLO

11. SEPTEMBER

Loslassen

Du kannst nichts festhalten. Am Ende rinnt dir alles durch die Finger. Du träumst, du planst und baust, du feierst Erfolge. Und auf einmal kommt das Leid, die Enttäuschung, die Nacht. Manchmal plötzlich wie ein Blitz kommt Unfall, Krankheit, Tod. Du kennst solche Menschen, jung und alt, die weggehen und nie mehr zurückkommen: nahestehende, liebe Menschen. Du möchtest sie festhalten, wie dich selbst. Du möchtest, dass ein schöner Tag niemals zu Ende geht. Und musst doch loslassen, jeden Abend einen Tag loslassen und eines Tages alles. [...]

Dann bekommt alles Sinn und Ziel: deine Angst, dein Leid, dein Gesundsein und dein Kranksein, dein Leben und dein Sterben. Erst wenn kein Gott da wäre, keine unsterbliche Liebe am anderen Ufer, erst dann wird alles sinnlos und vollkommen absurd.

PHIL BOSMANS

12. SEPTEMBER

Alles wird schön

„Warum ist hier jeder glücklich außer mir?“ – „Weil sie gelernt haben, überall Güte und Schönheit zu sehen“, sagte der Meister. – „Warum sehe ich nicht überall Güte und Schönheit?“ – „Weil du draußen nicht etwas sehen kannst, was du in deinem Inneren nicht siehst.“

ANTHONY DE MELLO

13. SEPTEMBER

Die Stille der Nacht

Der Schlaf ist nicht nur die nötige Erholung für den Leib, sondern auch für die Seele. Im Schlaf regt sich die Seele in einer anderen Weise. Das Unbewusste wird aktiv, es meldet sich in den Träumen. Und die Traumrealität ist genauso wirklich wie die Realität des wachen Bewusstseins. Wenn wir gesund leben wollen, müssen wir daher auch die Traumrealität beachten. Wir sollen auf unsere Träume hören. In den Träumen deutet und kommentiert unser Unbewusstes die Tagesereignisse und unseren momentanen Zustand auf unserem Weg der Selbstwerdung. [...]

Im Schlaf tauchen wir nach dem jüdischen Denker Weinreb in die eigentliche Wirklichkeit ein. Wir werden angeschlossen an das göttliche Leben. Im Traum spricht Gott zu unserem Herzen. Wir schwingen ein in den göttlichen Intimbereich. Daher halten die Mönche das *silentium nocturnum* so hoch. Das nächtliche Schweigen gibt dem Schlaf und dem Traum den heilenden und heiligen Raum, den Raum, den die Antike im Tempelschlaf geschaffen hatte. Die Stille der Nacht täte uns allen gut. Mitten im Schweigen der Nacht steigt das göttliche Wort hernieder, um an unser inneres Ohr zu dringen. Die Weihnachtsliturgie sieht dieses nächtliche Schweigen als den Ort, an dem Christus aus dem Himmel herabkam, um Mensch zu werden.

ANSELM GRÜN

14. SEPTEMBER

Staunen (1)

Eine wichtige geistliche Übung ist, über Dinge staunen zu können, sich der Dinge um einen herum bewusst zu sein. Dann werden sich die Wörter und Begriffe hoffentlich verlieren; Sie werden *sehen* und den Kontakt zur Wirklichkeit finden. Das ist auch die Kur gegen Einsamkeit.

ANTHONY DE MELLO

15. SEPTEMBER

Staunen (2)

Gewöhnlich versuchen wir, unsere Einsamkeit dadurch zu heilen, dass wir unsere Gefühle von anderen abhängig machen, d. h. dass wir Geselligkeit und Lärm suchen. Das ist keine Heilung. Kehren Sie zur Natur zurück, gehen Sie in die Berge. Dann werden Sie erfahren, dass Ihr Herz Sie in die weite Wüste der Abgeschiedenheit gebracht hat, wo niemand mehr an Ihrer Seite ist, absolut niemand.

Wenn Sie es schaffen, dort eine Weile zu bleiben, wird die Wüste mit einem Mal in Liebe erblühen. Ihr Herz wird von Freude erfüllt sein und singen. Es wird für immer Frühling sein; die Droge wird verbannt sein: Sie sind frei. Dann werden Sie verstehen, was Freiheit ist, was Liebe ist, was Glück ist, was die Wirklichkeit ist, was die Wahrheit ist, was Gott ist. Sie werden sehen, Sie werden mehr erfahren als Begriffe, Voreingenommenheit, Abhängigkeit und an etwas zu hängen.

ANTHONY DE MELLO

16. SEPTEMBER

Mystiker mitten in der Welt (1)

Viele Menschen erleben immer wieder einmal Augenblicke „reinen Bewusstseins". Sie erfahren, dass ihr Ich zurücktritt und sie einfach da sind, dass sie aufwachen aus ihrem Schlaf und auf einmal ganz bewusst sind, ganz eins mit sich selbst und eins mit der Welt. In diesem Einssein erahnen sie auch die Einheit mit Gott, dem Grund allen Seins. Es gibt heute mehr Mystiker, als viele denken, Mystiker mitten in der Welt. Marsha Sinetar hat in ihrem Buch „Die Sehnsucht, ganz zu sein" solche Mystiker beschrieben, die mitten in der Welt leben und dort ihre Sehnsucht nach dem Unendlichen leben.

ANSELM GRÜN

17. SEPTEMBER

Mystiker mitten in der Welt (2)

Ein Schreiner beschreibt seine Sehnsucht so: „Es gibt eine Konstante in meinem Leben, nämlich diesen allumfassenden Wunsch, diese Sehnsucht danach, mit der Einheit des Universums in Verbindung zu bleiben. Wahrscheinlich würden Sie das Gott nennen. Das gibt meinem Leben Wert und Sinn und die Kraft zum Weiterleben" (Marsha Sinetar). Die Mystiker innerhalb der Welt streben „nach einer neuen Art des Sehens und Hörens". Eine Frau beschreibt ihre Erfahrung so: „Manchmal fühle ich mich wie in Ekstase. Stellen Sie sich vor, Sie sind zum ersten Mal verliebt. Sie merken, dass da etwas Wundervolles passiert, etwas sehr Ungewöhnliches. Sie können das spüren, dieses Gefühl von Liebe, das Ihrem Inneren entspringt und sich ausbreitet und nach innen und nach außen strahlt. Dann wieder ist es ein unermessliches Glücksgefühl, das mein ganzes Sein erfasst. Es ist so furchtbar schwierig, das anderen zu erklären."

ANSELM GRÜN

18. SEPTEMBER

Wir sehen, wie wir sind

Stellen Sie sich vor, Sie fühlen sich nicht wohl und sind schlechter Laune. Dabei werden Sie durch eine wunderbare Landschaft gefahren. Die Gegend ist herrlich, aber Sie sind nicht in der Stimmung, sie aufzunehmen. Ein paar Tage später kommen Sie wieder an diesem Ort vorbei und rufen aus: „Wo war ich nur, dass ich das alles nicht gesehen habe?"

Alles wird schön, wenn Sie selbst sich ändern. Oder Sie schauen durch regennasse Fensterscheiben auf Wälder und Berge, und alles sieht verschwommen und formlos aus. Am liebsten würden Sie hinausgehen und diese Bäume und Berge verändern. Doch warten Sie, untersuchen wir erst einmal Ihr Fenster. Wenn der Sturm sich legt, der Regen nachlässt und Sie durch das Fenster schauen, stellen Sie fest: „Alles sieht auf einmal anders aus."

Wir sehen Menschen und Dinge nicht so, wie sie sind, sondern wie wir sind. Darum ist es auch zweierlei, wenn zwei Menschen ein Ding oder einen anderen Menschen betrachten. Wir sehen Dinge und Menschen nicht, wie sie sind, sondern wie wir sind.

ANTHONY DE MELLO

19. SEPTEMBER

Humor – mit mir einverstanden

Eine Spiritualität, die sich von der Demut leiten lässt, führt nicht zu einem Menschen, der sich künstlich klein macht, der sich dafür entschuldigt, dass er überhaupt auf der Welt ist. Vielmehr wird die Demut zu innerer Wahrhaftigkeit führen, zur Gelassenheit und zum Humor. Im Humor steckt die Ahnung, dass alles in uns sein darf, dass wir von der Erde genommen sind und daher vor nichts Irdischem zurückschrecken dürfen. Humor ist die Aussöhnung mit unserer Menschlichkeit, Erdhaftigkeit, Hinfälligkeit. Im Humor steckt das Einverstandensein mit mir, so wie ich bin.

ANSELM GRÜN

20. SEPTEMBER

Mit Leib und Seele

Es war einmal ein Gaukler, der tanzend von Ort zu Ort zog, bis er des unsteten Lebens müde war. Da trat er in ein Kloster ein. Aber das Leben der Mönche war ihm fremd. Als er sah, wie jedermann des Gebetes kundig schien und im Chor die Messe sang, stand er beschämt dabei und sprach zu sich: „Was tu ich hier? Ich weiß nicht zu beten und bin der Kutte nicht würdig, in die man mich kleidete." In seinem Gram flüchtete er in eine abgelegene Kapelle. „Wenn ich schon nicht mitbeten kann, so will ich doch tun, was ich kann." Rasch streifte er das Mönchsgewand ab und stand da in seinem bunten Röckchen, in dem er als Gaukler herumgezogen war. Und während vom hohen Chor die Psalmengesänge herüberwehten, begann er mit Leib und Seele zu tanzen. [...]

Ein Mönch hatte durch ein Fenster die Tanzsprünge mit angesehen und den Abt geholt. Am andern Tag ließ dieser den Bruder zu sich rufen. Der Arme erschrak zutiefst und glaubte, er sollte des verpassten Gebetes wegen gestraft werden. Er fiel vor dem Abt nieder und sprach: „Ich weiß, Herr, dass hier meines Bleibens nicht ist. So will ich in Geduld die Unrast der Straße wieder ertragen." Doch der Abt neigte sich vor ihm, küsste ihn und bat ihn, für ihn und alle Mönche bei Gott einzustehen: „In deinem Tanze hast du Gott mit Leib und Seele gerühmt. Uns aber möge er alle Worte verzeihen, die über die Lippen kommen, ohne dass unser Herz sie sendet."

FRANZÖSISCHE LEGENDE

21. SEPTEMBER

Der unerkannte Gast

Es war einmal eine alte Frau, der hatte der liebe Gott versprochen, sie heute zu besuchen. Darauf war sie nun nicht wenig stolz. Sie scheuerte und putzte, buk und tischte auf. Und dann fing sie an, auf den lieben Gott zu warten.

Auf einmal klopfte es an die Tür. Geschwind öffnete die Alte, aber als sie sah, dass draußen nur ein armer Bettler stand, sagte sie: „Nein, in Gottes Namen, geh heute deiner Wege! Ich warte gerade auf den lieben Gott, ich kann dich nicht aufnehmen." Und damit ließ sie den Bettler gehen und warf die Tür hinter ihm zu. Zwei weitere Bettler, die bei ihr anklopften, schickte sie ebenfalls weg: „Ich warte auf den lieben Gott. Ich kann euch nicht aufnehmen." Und die Alte fing aufs Neue an zu warten.

Die Zeit ging hin, Stunde um Stunde. Es ging schon auf den Abend zu, und immer noch war der liebe Gott nicht zu sehen. Wo mochte er nur geblieben sein?

Zu guter Letzt musste sie betrübt zu Bett gehen. Bald schlief sie ein. Im Traum erschien ihr der liebe Gott. Er sprach zu ihr: „Dreimal habe ich dich heute aufgesucht, und dreimal hast du mich nicht empfangen."

ZIGEUNERMÄRCHEN

22. SEPTEMBER

Die Welt mit guten Augen sehen

Glauben heißt, die Deutung des Lebens und der Welt durch Jesus zu übernehmen. Das bedeutet, die Welt mit guten Augen ansehen, sie gutheißen, sie annehmen als Welt des guten Gottes. Die Welt wird dann nicht als das Fremde und Bedrohliche erfahren, sondern als Schöpfung Gottes. Sie wird durchlässig für Gott. Sie spiegelt Gottes Herrlichkeit wider. Diese neue Sicht lässt mich anders mit der Natur umgehen und gibt mir ein anderes Gefühl. Es ist keine Naturschwärmerei, sondern eine Sicht, die in der Natur Gottes Geist am Werk sieht. Wenn ich mit diesem Blick durch die Natur gehe, so erscheint sie mir in einer ganz neuen Dimension. Sie wird mir vertraut. Ich fühle mich eins mit ihr. Sie ist Werk Gottes, meines Schöpfers. Gott hat mich aus dem gleichen Stoff gemacht wie sie. Das Leben, das ich in ihr spüre, ist auch mein Leben. Es ist Gottes Leben.

ANSELM GRÜN

23. SEPTEMBER

Schritte zur Weisheit (1)

Viele Menschen haben negative Gefühle und sind sich dessen nicht bewusst. Viele Leute sind frustriert und sind sich ihrer Frustration nicht bewusst. Erst wenn sie die Freude kennen gelernt haben, geht ihnen auf, wie frustriert sie waren. Unentdeckten Krebs kann man nicht behandeln. Kornwürmer lassen sich nicht aus einer Scheune vertreiben, wenn nicht bekannt ist, dass es sie dort gibt.

Zuerst muss man sich also seiner negativen Gefühle bewusst werden. Was sind das für negative Gefühle? Schwermütigkeit zum Beispiel. Sie sind verzweifelt, niedergeschlagen; Sie können sich selbst nicht mehr leiden oder fühlen sich schuldig. Sie meinen, das Leben sei witzlos, es habe einfach keinen Sinn; Sie fühlen sich nervös und angespannt. Werden Sie sich zuerst über solche Gefühle klar.

ANTHONY DE MELLO

24. SEPTEMBER

Schritte zur Weisheit (2)

Die negativen Gefühle gibt es nur in Ihnen, nicht in der Wirklichkeit. [...] Wir verwenden unsere ganze Zeit und Kraft auf den Versuch, äußere Umstände verändern zu wollen: unsere Ehefrauen, Chefs, Freunde, Feinde – eben die anderen – umzukrempeln. Wir müssen nichts ändern. Die negativen Gefühle gibt es nur in Ihnen.

ANTHONY DE MELLO

25. SEPTEMBER

Schritte zur Weisheit (3)

Niemand auf der Welt hat die Macht, Sie unglücklich zu machen. Es gibt nichts, das die Macht besäße, Ihnen zu schaden oder Sie zu verletzen: kein Ereignis, keine Umstände, keine Situation, auch kein anderer Mensch. Niemand hat es Ihnen gesagt; vielmehr erzählte man Ihnen das Gegenteil. [...]

Angenommen, ein Gartenfest fällt buchstäblich ins Wasser. Wer fühlt sich dann negativ? Der Regen? Oder Sie? Was verursacht das negative Gefühl? Der Regen oder Ihre Reaktion? Wenn Sie mit dem Knie an den Tisch stoßen, macht das dem Tisch nichts. Er bleibt das, was er sein soll – ein Tisch. Der Schmerz ist in Ihrem Knie, nicht im Tisch.

ANTHONY DE MELLO

26. SEPTEMBER

Schritte zur Weisheit (4)

Identifizieren Sie sich niemals mit diesem Gefühl; es hat nichts mit dem „Ich“ zu tun. Definieren Sie Ihr eigentliches Selbst nicht in diesen Denkkategorien. Sagen Sie nicht: „Ich bin frustriert.“ Wenn Sie sagen wollen, es gibt hier Frustration oder es gibt hier Schwermut, dann ist das in Ordnung. Aber sagen Sie nicht: Ich bin trübsinnig. Damit definieren Sie sich in diesen Kategorien; das ist eine Illusion. Mag es Frustration, verletzte Gefühle geben – lassen Sie sie sein, lassen Sie sie in Ruhe. Es wird vorbeigehen. Alles geht vorbei, alles.

ANTHONY DE MELLO

Schritte zur Weisheit (5)

Stellen Sie sich einen Patienten vor, der zum Arzt geht und ihm sagt, woran er leidet. Der Arzt sagt: „Ja, Ihre Symptome kenne ich sehr gut. Wissen Sie, was ich jetzt tun werde? Ich verschreibe Ihnen eine Arznei für Ihren Nachbarn." Der Patient erwidert: „Vielen Dank, Herr Doktor, das wird mir sehr helfen."

Ist das nicht absurd? Aber so handeln wir alle. Derjenige, der schläft, denkt immer, es würde ihm besser gehen, wenn ein anderer sich ändert. Sie leiden, weil Sie schlafen, aber Sie denken sich: „Wie schön könnte das Leben sein, wenn die anderen sich ändern würden; wie schön könnte das Leben sein, wenn mein Nachbar sich änderte oder meine Frau oder mein Chef."

Wir möchten immer, dass jemand anderer sich ändert, damit es uns gut geht. Doch sind Sie noch nie auf den Gedanken gekommen, dass selbst dann, wenn sich Ihre Frau oder Ihr Mann ändert, Ihnen nicht viel geholfen wäre? Sie sind genauso verwundbar wie vorher, genauso ein Narr wie vorher, schlafen genauso wie vorher.

Sie sind derjenige, der sich ändern muss, der die Arznei zu schlucken hat. Doch Sie bestehen darauf. „Ich fühle mich gut, weil die Welt in Ordnung ist." Irrtum! Die Welt ist in Ordnung, weil ich mich gut fühle. Das ist die Botschaft, die uns alle Mystiker verkünden.

ANTHONY DE MELLO

28. SEPTEMBER

Der Mensch sucht noch nicht einmal!

Rebbe Baruchs Enkel Jechiel kam in Tränen aufgelöst in die Lehrstube des Meisters gerannt.

„Jechiel, Jechiel, warum weinst du?"

„Mein Freund ist gemein! Er ist unfair! Er hat mich ganz allein gelassen, darum weine ich!"

„Willst du mir das nicht von Anfang an erzählen?"

„Sicher, Großvater. Wir haben Verstecken gespielt. Ich musste mich verstecken, und er war dran, mich zu suchen. Aber ich hatte mich so gut versteckt, dass er mich nicht finden konnte. Da hat er aufgegeben, er hörte einfach auf, mich zu suchen, und das ist unfair."

Reb Baruch begann, Jechiels Gesicht zu streicheln, und ihm selbst traten Tränen in die Augen. „So ist es auch mit Gott, Jechiel", flüsterte er leise. „Stell dir seinen Schmerz vor: Er hat sich versteckt, und die Menschen suchen ihn nicht. Verstehst du, Jechiel? Gott versteckt sich, und der Mensch sucht ihn nicht einmal!"

ELIE WIESEL

29. SEPTEMBER

Die Spur

Ein Mann hatte einen Traum. Er träumte, dass er mit Gott an einem Strand entlang spazieren ginge. Am Himmel zogen Szenen aus seinem Leben vorbei, und für jede Szene waren Spuren im Sand zu sehen.

Der Mann bemerkte manchmal zwei Spuren und manchmal nur eine Spur. Er bemerkte weiter, dass sich zu Zeiten größerer Not nur eine Spur zeigte. Deshalb fragte er den Herrn: „Herr, ich habe bemerkt, dass zu den traurigsten Zeiten meines Lebens nur eine Spur zu sehen ist. Du hast mir aber versprochen, stets bei mir zu sein. Ich verstehe nicht, warum du mich da, wo ich dich am nötigsten brauchte, allein gelassen hast!"

Da antwortete ihm Gott: „Mein Freund, in den Tagen, in denen du am meisten gelitten hast, mich am nötigsten gebraucht hast, da, wo nur *eine* Spur im Sand zu sehen war, da habe ich dich getragen."

VERFASSER UNBEKANNT

30. SEPTEMBER

Aufgabe einer Religion

Jemand kann einer Religion angehören und doch nicht zur Erkenntnis der Wahrheit gelangen, aber welchen Nutzen hat seine Religion für ihn, wenn er nicht glücklich ist? Religion bedeutet nicht Niedergeschlagenheit und Traurigkeit. Der Geist der Religion sollte glücklich machen. Gott ist Glück. Er ist vollkommene Liebe, Harmonie und Schönheit. Ein religiöser Mensch sollte darum glücklicher sein als ein nicht religiöser. Wenn jemand, der sich zu einer Religion bekennt, immer melancholisch ist, macht er seiner Religion Schande; die Form wurde erhalten, aber der Geist ging verloren. Wenn das Studium von Religion und Mystik nicht zu echter Freude und wahrem Glück führt, kann man es genauso gut lassen.

Denn dann hilft es nicht, den Zweck des Lebens zu erfüllen. Die Welt leidet heutzutage an den Folgen furchtbarer Kriege. Diejenige Religion, die Antwort geben kann auf die Frage des Lebens von heute, ist eine Religion, die den Seelen Kraft und Leben gibt, die das Herz des Menschen erhellt mit dem göttlichen Licht, das immer da ist; nicht notwendigerweise durch irgendeine äußere Form – obwohl eine Form für manche hilfreich sein mag. Es ist die Religion, die das Glück zeigt, nach dem jede Seele sich sehnt.

HAZRAT INAYAT KHAN

OKTOBER

Hat alles einen Sinn?

Anleitung zum Glücklich- oder Unglücklichsein

1. OKTOBER

Der einzige Schlüssel

Liebe ist der einzige Schlüssel, der zu den Türen des Paradieses passt. Es liegt ein Stückchen Paradies in jedem Lächeln, in jedem guten Wort, in der Zuneigung, die du verschenkst. Es liegt ein Stückchen Paradies in jedem Herzen, das für einen Unglücklichen zum rettenden Hafen wird, in jedem Zuhause mit Brot und Wein und mit menschlicher Wärme. Es liegt ein Stückchen Paradies in jeder Oase, wo Liebe blüht und Menschen Mensch geworden sind, füreinander Brüder und Schwestern. Gott hat seine Liebe in deine Hände gelegt wie einen Schlüssel zum Paradies. Es gibt Menschen, die haben ein Herz aus Gold. Alles, was sie tun, ist geprägt von ihrer Herzlichkeit.

PHIL BOSMANS

2. OKTOBER

Ein sonderbarer Zustand ... (1)

Allgemein ist die Hast, weil jeder auf der Flucht vor sich selbst ist, allgemein auch das scheue Verbergen dieser Hast, weil man zufrieden scheinen will und die scharfgesichtigeren Zuschauer über sein Elend täuschen möchte, allgemein das Bedürfnis nach neuen klingenden Wort-Schellen, mit denen behängt das Leben etwas Lärmend-Festliches bekommen soll.

Jeder kennt den sonderbaren Zustand, wenn sich plötzlich unangenehme Erinnerungen aufdrängen und wir dann durch heftige Gebärden und Laute bemüht sind, sie uns aus dem Sinne zu schlagen: Aber die Gebärden und Laute des allgemeinen Lebens lassen erraten, dass wir uns alle und immerdar in einem solchen Zustande befinden, in Furcht vor der Erinnerung und Verinnerlichung.

FRIEDRICH NIETZSCHE

3. OKTOBER

Ein sonderbarer Zustand ... (2)

Was ist es doch, was uns so häufig anficht, welche Mücke lässt uns nicht schlafen? Es geht geisterhaft um uns zu, jeder Augenblick des Lebens will uns etwas sagen, aber wir wollen diese Geisterstimme nicht hören. Wir fürchten uns, wenn wir allein und stille sind, dass uns etwas in das Ohr geraunt werde, und so hassen wir die Stille und betäuben uns durch Geselligkeit.

Dies alles begreifen wir, wie gesagt, dann und wann einmal und wundern uns sehr über alle die schwindelnde Angst und Hast und über den ganzen traumartigen Zustand unseres Lebens, dem vor dem Erwachen zu grauen scheint und das um so lebhafter und unruhiger träumt, je näher es diesem Erwachen ist.

FRIEDRICH NIETZSCHE

4. OKTOBER

Aufhören zu grübeln

Besonders gern wird über Vergangenes gegrübelt, Vergangenes, was nicht mehr zu verändern ist. „Warum?" „Wieso?" „Weshalb?" „Wer?" „Wann?" … Aber auch Eventualitäten und Möglichkeiten von Entwicklungen bieten sich dem Grübler ebenso an: „Könnte es nicht sein, dass …?" „Wenn aber …?" „Wenn nur nicht …?" „Was dann …?"

Fragen über Fragen – keine Antworten. Grübeln kostet Zeit und Nerven und führt zu gar nichts. Grübeln macht Falten und verbissen. Grübeln engt ein und verhindert, das Leben frei fließen zu lassen, willkommen zu heißen.

SASCHA VEITL

5. OKTOBER

Muss ich immer glücklich sein?

Ich habe vieles versucht, um glücklich zu sein. Und trotzdem musste ich Niederlagen einstecken, war mit dem Leben unzufrieden und fühlte mich zu manchen Zeiten ziemlich unglücklich. Aber ich machte weiter auf der Suche nach dem Glück. Und wenn ich meinte: „Jetzt habe ich es ganz sicher!", dann war es schon wieder verschwunden.

Ich will mir keinen Druck mehr machen. Ich will nicht länger an das Märchen vom ständigen Glück glauben. Und wenn ich glücklich bin, dann will ich es intensiv genießen.

RAINER HAAK

6. OKTOBER

Geheimnis eines zufriedenen Menschen (1)

„Hab' lang und glücklich gelebt,
hab' an wenig genug gehabt,
hab' nichts verlangt und viel bekommen."

Das stand auf dem Totenzettel von Stijn Streuvels, dem von vielen geliebten flämischen Dichter (1871–1969). Er wurde in einem weißen Wagen der Freude zu Grab gefahren. In dem kleinen, von ihm selbst geschriebenen Satz liegt eine Botschaft für uns alle. Es ist das Geheimnis eines zufriedenen Menschen, der jedem Tag den rechten Platz zu geben wusste und durch das, was verhüllt ist, hindurchschauen konnte.

PHIL BOSMANS

7. OKTOBER

Geheimnis eines zufriedenen Menschen (2)

Wenn du dich mit wenig zufrieden geben kannst, wirst du mehr bekommen, als du erwartest, und alles, was du bekommst, wird für dich eine freudige Überraschung sein, eine Art Wunder, wodurch du das Leben gern haben kannst. Wenn du dagegen immer haben und alles besitzen willst, wirst du niemals satt und immer unzufrieden sein. So kann dir das Leben keine Freude bringen. Dann bist du ein Vogel mit zu schweren Flügeln. Du wirst niemals zur Sonne fliegen können.

PHIL BOSMANS

8. OKTOBER

Herbst

Die Blätter fallen, fallen wie von weit,
als welkten in den Himmeln ferne Gärten;
sie fallen mit verneinender Gebärde.

Und in den Nächten fällt die schwere Erde
aus allen Sternen in die Einsamkeit.

Wir alle fallen. Diese Hand da fällt.
Und sieh dir andre an: Es ist in allen.

Und doch ist Einer, welcher dieses Fallen
unendlich sanft in seinen Händen hält.

RAINER MARIA RILKE

9. OKTOBER

Die Stille

Noch nie gab es so viel überreizte Menschen, so viele Kranke an Herz, Seele und Nerven. Wir haben in dieser modernen Zeit den Sinn für die Stille verloren. Und doch haben wir die Stille so dringend nötig, nicht nur, um zur Ruhe zu kommen, sondern um auch wieder Mensch zu werden statt ein überdrehtes Rädchen in einem großen Räderwerk.

Liebe die Stille, suche die Stille! Es liegt darin ein Stück von deinem Glück.

PHIL BOSMANS

Wer bin ich?

Eine Frau lag im Koma. Plötzlich hatte sie das Gefühl, sie käme in den Himmel und stände vor dem Richterstuhl.

„Wer bist du?“, fragte eine Stimme.

„Ich bin die Frau des Bürgermeisters“, erwiderte sie.

„Ich habe nicht gefragt, wessen Ehefrau du bist, sondern wer du bist.“

„Ich bin die Mutter von vier Kindern.“

„Ich habe nicht gefragt, wessen Mutter du bist, sondern wer du bist.“

„Ich bin Lehrerin.“

„Ich habe nicht nach deinem Beruf gefragt, sondern wer du bist.“

Und so ging es weiter. Alles, was sie erwiderte, schien keine befriedigende Antwort auf die Frage zu sein: „Wer bist du?“

„Ich bin eine Christin.“

„Ich fragte nicht, welcher Religion du angehörst, sondern wer du bist.“

„Ich bin die, die jeden Tag in die Kirche ging und immer den Armen und Hilfsbedürftigen half.“

„Ich fragte nicht, was du tatest, sondern wer du bist.“

Offensichtlich bestand sie die Prüfung nicht, denn sie wurde zurück auf die Erde geschickt. Als sie wieder gesund war, beschloss sie, herauszufinden, wer sie war. Und darin lag der ganze Unterschied.

ANTHONY DE MELLO

11. OKTOBER

Bedingungslos

Wir können uns gar nicht vorstellen, ohne Bedingungen glücklich zu sein. Es wurde uns beigebracht, unser Glück auf Bedingungen zu setzen. Wichtig sei, respektiert, geliebt und geschätzt zu werden, angesehen und bedeutend zu sein. [...]

Geben Sie diese Illusion auf, und Sie werden zum Glück finden. Immer wieder stoße ich bei therapeutischen Gesprächen auf ein weit verbreitetes Problem: „Niemand liebt mich; wie kann ich da glücklich sein?" Ich erkläre ihm oder ihr: „Soll das heißen, Sie hätten nie Momente, in denen Sie vergessen, dass Sie nicht geliebt werden, und doch einfach gelöst und glücklich sind?" Natürlich haben Sie solche Augenblicke.

ANTHONY DE MELLO

12. OKTOBER

Die Kunst des Loslassens

Wir verbauen uns unser Glück, weil wir uns Tag für Tag vorstellen, wie sich unser Leben abspielen sollte. Meistens kommt es jedoch anders, und wir sind enttäuscht oder frustriert. Wir stellen feste Erwartungen vor uns hin und stehen dadurch unserem Glück selber im Wege.

Glücklich wird, wer offen ist für die Überraschungen des Lebens und wer der Kraft des Augenblicks traut. Glück ereignet sich im alltäglichen Einüben des Loslassens.

PIERRE STUTZ

13. OKTOBER

Die drei Herzen (1)

Wer ist der Mensch, dessen Herz einem *Geschwür* gleicht? Das ist der Mensch, der jähzornig ist und sich maßlos aufregt. Wenn man ihm auch nur das Geringste sagt, steigen in ihm Ärger und Erregung, er zeigt Verstimmung, verhält sich eigensinnig, wird zornig, hasserfüllt und misstrauisch. Gleich einem schlimmen Geschwür, das, mit einem Span oder einer Scherbe angestoßen, noch mehr Eiter absondert, ist der Mensch, der jähzornig ist und sich maßlos aufregt. Wenn man ihm auch nur das Geringste sagt, steigen in ihm Ärger und Erregung auf, er zeigt Verstimmung, verhält sich eigensinnig, wird zornig.

GAUTAMA BUDDHA

14. OKTOBER

Die drei Herzen (2)

Wer ist der Mensch, dessen Herz dem *Blitz* gleicht? Das ist der Mensch, der zur wahren Erkenntnis gelangt ist: „Dies ist das Leiden; dies ist die Entstehung des Leidens; dies ist die Aufhebung des Leidens; dies ist der Pfad zur Aufhebung des Leidens.“ So wie ein Mensch, der in der Dunkelheit und der Finsternis der Nacht wandert, beim plötzlichen Aufleuchten des Blitzes mit bloßen Augen die Dinge erkennen kann, so gelangt jener Mensch zur wahren Erkenntnis

GAUTAMA BUDDHA

15. OKTOBER

Die drei Herzen (3)

Wer ist der Mensch, dessen Herz dem *Diamanten* gleicht? Das ist der Mensch, der durch Versiegen der Triebe noch bei Lebzeiten die Befreiung von den Trieben, die Erlösung des Gemüts und die erlösende Weisheit erlangt; er erkennt sie und erreicht sie. So wie es nichts gibt, was der Diamant nicht scheiden könnte, weder Perlen noch Steine, so erlangt jener Mensch durch Versiegen der Triebe noch bei Lebzeiten die Befreiung von den Trieben, die Erlösung des Gemüts und die erlösende Weisheit; er erkennt sie und erreicht sie. Einen solchen Menschen bezeichnet man als einen, dessen Herz dem Diamanten gleicht.

GAUTAMA BUDDHA

16. OKTOBER

Ich habe kein Glück

Das Leben ist wie eine Lotterie, meinen viele Leute, sie hätten nur nicht das richtige Los gezogen. Sie sind überzeugt – was noch schlimmer ist –, der Nachbar, der fröhliche, der mehr feiert, der hätte das viel bessere Los bekommen. Doch so ganz verschieden sind die Lose nicht. Der Unterschied liegt im Wie: wie man es ansieht, wie man es annimmt. Und das liegt bei einem jeden selbst.

PHIL BOSMANS

17. OKTOBER

So oder so?

Ich habe viele Menschen getroffen, jeder anders, alle verschieden. Ich habe auf ihre tiefsten Geheimnisse gehört. Keiner war dabei mit dem großen Los, dem makellosen Glück. Irgendetwas hatten alle, ein Missgeschick, eine Last, eine Wunde. Die Gläubigen nennen es: Kreuz. Die anderen sagen dazu: Ich habe kein Glück. Manche waren dabei, die sind bei allem Leid doch glückliche, fröhliche Menschen geblieben. Andere resignierten, wenn es schwierig wurde, wenn etwas schief ging. Oft hatten sie genau das Gleiche durchgemacht; heraus kam etwas ganz Verschiedenes.

PHIL BOSMANS

18. OKTOBER

Schöner Tag – schlechter Tag

Der Meister behauptete, dass der Hauptgrund für vieles Unglück in der Welt auf die geheime Befriedigung der Menschen zurückzuführen ist, sich schlecht zu fühlen.

Er erzählte von einem Freund, der zu seiner Frau sagte: „Warum lässt du nicht alles stehen und liegen und machst dir einen schönen Tag, meine Liebe?"

„Ach, du weißt doch genau, mein Lieber, dass ich mich niemals dabei wohl fühlen würde, mir einfach einen schönen Tag zu machen", gab sie gereizt zur Antwort.

ANTHONY DE MELLO

19. OKTOBER

Nichts ist ohne Sinn

Meine Augen sind da für das Licht, für das Grün des Frühlings, für das Weiß des Schnees, für das Grau der Wolken und das Blau des Himmels, für die Sterne in der Nacht und für das unglaubliche Wunder, dass es so viel wunderbare Menschen um mich gibt.

Mein Mund ist da für ein liebes Wort, auf das ein anderer wartet. Meine Lippen sind da für einen Kuss und meine Hände, um zärtlich und sanft zu sein, um Leidenden zu helfen. Meine Füße sind da, um zum Nächsten zu gehen. Und mein Herz ist da, um Menschen, die in Einsamkeit und Kälte leben, Nähe, Wärme und Liebe zu schenken.

PHIL BOSMANS

20. OKTOBER

Zeit zum Glücklichsein

Weißt du, dass du ein Wunder bist? Ein Wunder, das lebt, das es wirklich gibt? Du bist einmalig, einzigartig, nicht zu verwechseln. Weißt du das? Warum staunst du nicht, warum freust du dich nicht über dich selbst und über alle anderen Menschen um dich? Oder ist es für dich selbstverständlich und findest du nichts dabei, dass du lebst, dass du leben darfst, dass du Zeit bekommst, um zu singen und zu tanzen, Zeit, um glücklich zu sein?

PHIL BOSMANS

21. OKTOBER

In der Sonne parken

Warum sich endlos Sorgen machen um Dinge von morgen und übermorgen? Warum so giftig und gereizt, warum so schlecht gelaunt? Warum so viel Hektik und warum schlafen, wenn die Sonne scheint? Mach dein Herz frei von tausendundeiner Nichtigkeit. Davon lass deine Lebensfreude nicht abhängig sein. Nimm dir ruhig Zeit, um glücklich zu sein: heute!

Zeit ist keine Schnellstraße zwischen Wiege und Grab, sondern Platz zum Parken in der Sonne. Heute leben! Heute lächeln! Heute glücklich sein!

PHIL BOSMANS

22. OKTOBER

Immer Pech?

Ich habe fast nie einen Grund, mich zu freuen? Ich habe immer Pech? Bei mir läuft alles schief? Ich weiß gar nicht mehr, wie das ist, glücklich zu sein? Ich warte und warte und nichts geschieht? Ich bin wirklich kein Glückskind?

Ich kann mir auch selbst etwas einreden. Ich kann mich als Pechvogel bezeichnen, und meine Erwartungen werden sich erfüllen. Ich kann davon überzeugt sein, kein Glück zu haben, und werde wahrscheinlich Recht behalten. Ich kann mich selbst daran hindern, glücklich zu sein.

RAINER HAAK

23. OKTOBER

Überdruss als Lebensziel?

Was tun denn die Menschen ihr ganzes Leben lang? Sie kämpfen ständig, kämpfen und kämpfen. Das nennen sie dann überleben. [...]

Denken Sie über die folgende bedrückende Geschichte etwas nach – es ist Ihre Geschichte, meine Geschichte, die Geschichte aller: „Solange ich das nicht erreicht habe (Geld, Freundschaft, irgendetwas), bin ich nicht glücklich; ich werde alles tun, um es zu bekommen, und wenn ich soweit bin, werde ich alles tun, um es mir zu erhalten. Ich habe einen kurzen Nervenkitzel. Ich bin begeistert, dass ich es habe!"

Aber wie lange hält es an? Ein paar Minuten, vielleicht ein paar Tage. Wenn Sie Ihr nagelneues Auto in Empfang nehmen, wie lange hält Ihre Begeisterung darüber an? Bis zum nächsten Wunsch, an den Sie Ihr Herz hängen! Wetten?

ANTHONY DE MELLO

24. OKTOBER

Es gibt so wenig glückliche Menschen

Ich habe jahrelang unglücklichen Menschen zugehört, Gebrochenen und Verstoßenen, Entwurzelten und unter die Räder Gekommenen, Kranken, Alten, Einsamen. Ich habe Menschen zugehört, die alles hatten, was sie sich wünschten, und die sich kaufen konnten, wovon sie träumten, und die todunglücklich sagten: „Das gibt mir alles nichts mehr. Ich habe alles satt."

Ich bin nur ein kleiner Kobold mit einem kleinen Saatkorn in der Hand, um es in dein Herz zu legen, so wie ein Bauer an das Saatkorn glaubt, das er in gutes Erdreich sät. Es kommt Regen, und es kommt Sonne. Es kommt Unwetter, und es kommt Sturm. Das Saatkorn wird nie die Ähre sehen. Aber ich glaube an den Unsichtbaren, der aus einem Korn tausend Körner macht. – Menschen glücklich machen, das ist der Traum glücklicher Menschen.

PHIL BOSMANS

25. OKTOBER

Einsamkeit

Du hast keine Freunde? Vielleicht war es früher anders. Du warst geborgen unter lieben Menschen, in der Ehe, in der menschlichen Wärme einer Familie, im geselligen Kreis von Freunden. Aber die Brücken der Liebe sind nicht selten gläserne Brücken, die leicht zu Bruch gehen.

Dennoch: Du magst zwar allein sein und allein bleiben, aber du sollst nicht einsam sein. Oder besser: Die Einsamkeit darf keine tödliche Wunde in deinem Herzen sein. Du musst selbst etwas tun. Du musst mit deiner eigenen Liebe, deiner eigenen Güte und Hingabe selber Brücken bauen zu anderen Menschen. Ein bisschen guter Wille genügt nicht. Das reicht nur für eine Notbrücke, die bei der kleinsten Belastung zerbricht. Brücken der Liebe brauchen viel Geduld. Aber sie sind der Mühe wert. Auf ihnen liegt dein Glück.

PHIL BOSMANS

26. OKTOBER

Nicht am anderen Ufer

Warum siehst du immer auf die andere Seite? Warum denkst du immer, dass die anderen – Freunde, Bekannte, Nachbarn – viel mehr Glück haben? Glücklich leben ist eine große Kunst.

Dazu gehört Zufriedenheit. Dein Glück liegt nicht am anderen Ufer. Es liegt in dir.

PHIL BOSMANS

27. OKTOBER

Das Leben schon heute genießen

Ich denke oft an die Zukunft. Schließlich arbeite ich jetzt vor allem deshalb so viel, damit es uns später gut geht und wir uns keine Sorgen machen müssen. Ich denke darüber nach, wie ich irgendwann einmal das Haus umbauen lassen kann, damit wir uns hier wohler fühlen. Ich nehme mir vor, später mehr für meine Gesundheit zu tun, damit ich lange fit bleibe. Ich denke an die Zeit, wenn ich nicht mehr arbeiten muss und tun kann, was ich gern möchte.

Doch ich lebe nicht irgendwann in der Zukunft. Ich lebe in der Gegenwart. Ich lebe immer wieder heute. Und heute möchte ich glücklich sein. Heute möchte ich tun, was mich begeistert und was mir wichtig ist. Heute möchte ich das Leben genießen. Und später? Später wird es mir sicherlich besser gehen, wenn ich heute schon gut zu mir bin.

RAINER HAAK

28. OKTOBER

Regenwolken gehören in die Sonne

Bist du unglücklich? Lachst du selten oder nie? Fühlst du dich unzufrieden? Dann denkst du wahrscheinlich zu viel an dich selbst, an dein Geld, an deine Gesundheit, an deine kleinen Interessen. Wer sich unentwegt mit sich selbst beschäftigt, kann nicht glücklich sein, weil er nicht mehr lieben kann. Und nicht mehr lieben können, das ist das Ende jeder Freude und der Anfang der Hölle. – Hänge deine Regenwolken zum Trocknen in die Sonne!

PHIL BOSMANS

29. OKTOBER

Für die Freude gemacht

Alles hat seinen Sinn. Warum bin ich dann nicht glücklich? Sind meine Augen zu? Ist mein Mund bitter? Sind meine Hände herzlose Greifer? Oder ist mein Herz vertrocknet? Weiß ich denn nicht, dass ich für die Freude gemacht bin?

PHIL BOSMANS

30. OKTOBER

Was andere über mich denken

Ich war noch ein Kind, als ein lauter Schrei von mir und ein dummer Scherz von dem Ausruf meiner Eltern begleitet wurden: „Was sollen denn die Nachbarn von uns denken?!“ Das habe ich später wohl so sehr verinnerlicht, dass ich viel zu oft nach der Meinung der anderen fragte: „Ich muss unbedingt den Rasen mähen. Die Nachbarn gucken schon so komisch.“ – „O wie peinlich! Keiner trägt hier so bunte Kleidung wie ich.“ – „Was wohl meine Kollegen dazu sagen?“ – „Hoffentlich kriegt niemand mit, dass wir in diesem Sommer nicht verreisen können!“ – „Wenn sich das herumspricht!“

Ich will nicht länger die Verwandtschaft, die Nachbarn oder meine Arbeitskollegen über mein Leben entscheiden lassen. Ich will meine Entscheidungen nicht von der Meinung meiner Mitmenschen abhängig machen. Ich will endlich selber entscheiden, wie ich mein Leben gestalte und was ich für wichtig halte.

RAINER HAAK

31. OKTOBER

Das gehört mir!

Eine alte Frau starb, und Engel brachten sie vor den Richterstuhl. Bei Durchsicht ihrer Akte fand der Richter jedoch keine einzige barmherzige Tat, außer dass sie einmal einem hungrigen Bettler eine Karotte gegeben hatte. Eine einzige liebevolle Tat wiegt jedoch sehr viel, und so beschloss man, sie um dieser

Karotte willen in den Himmel zu bringen. Die Karotte wurde dem Gericht vorgeführt und ihr übergeben. Im gleichen Augenblick, als sie sie ergriff, begann die Karotte, wie von unsichtbaren Fäden gezogen, aufzusteigen und trug die Frau mit sich gen Himmel.

Ein Bettler tauchte auf. Er klammerte sich an den Saum ihres Kleides und wurde mit ihr zusammen hochgehoben. Eine dritte Person bekam den Fuß des Bettlers zu fassen und wurde auch hochgezogen.

Bald war da eine lange Menschenkette, die von dieser Karotte emporgezogen wurde. Und so seltsam es auch klingen mag, die Frau spürte das Gewicht der vielen Leute nicht, die sich an ihr festhielten; tatsächlich bemerkte sie sie gar nicht, da sie himmelwärts blickte.

Sie stiegen immer höher, bis sie beinahe das Himmelstor erreicht hatten. Da schaute die Frau zurück, um noch einen letzten Blick auf die Erde zu tun, und sah das ganze Gefolge. Sie war empört! Mit einer gebieterischen Handbewegung rief sie: „Macht, dass ihr wegkommt, alle! Das ist *meine* Karotte!“

Bei dieser herrischen Geste musste sie die Karotte einen Augenblick loslassen – und stürzte mit ihrem ganzen Tross in die Tiefe.

Alles Übel der Welt hat *eine* Ursache: „Das gehört mir!“

ANTHONY DE MELLO

NOVEMBER

Dunkelstunden nicht überspringen

Auch das Schwere liebend leben

1. NOVEMBER

Ich liebe meines Wesens Dunkelstunden

Ich liebe meines Wesens Dunkelstunden,
in welchen meine Sinne sich vertiefen;
in ihnen hab ich, wie in alten Briefen,
mein täglich Leben schon gelebt gefunden
in frommen Worten, sanft und überwunden.

Aus ihnen kommt mir Wissen: dass ich Raum
zu einem zweiten zeitlos breiten Leben habe.

Und manchmal bin ich wie der Baum,
der, reif und rauschend, über einem Grabe
den Traum erfüllt, den der vergangne Knabe
(um den sich seine warmen Wurzeln drängen)
verlor in Traurigkeiten und Gesängen.

RAINER MARIA RILKE

2. NOVEMBER

Der verhüllende Schleier

Wer die Staffel hinauf will, muss eben von unten an dienen. Und soviel bleibt, es birgt sich in ihr die Lösung jeder Frage, die jetzt die Welt bewegt.

Demütig sein heißt christlich sein, christlich in meinem, vielleicht darf ich sagen in unserem Sinne. Demut erschrickt vor dem zweierlei Maß. Wer demütig ist, der ist duldsam, weil er weiß, wie sehr er selbst der Duldsamkeit bedarf; wer demütig ist, der sieht die Scheidewände fallen und erblickt den Menschen im Menschen.

THEODOR FONTANE

3. NOVEMBER

Was ist Leid?

Wenn es kein Leid gäbe, könnte man auch nicht die Erfahrung der Freude machen. Es ist das Leid, das uns hilft, die Freude zu erleben. Alles wird durch sein Gegenteil erkannt, wer den Schmerz tief erlebt, kann auch die Freude stärker ausdrücken. Wenn es kein Leid gäbe, wäre das Leben höchst uninteressant; denn wenn das Leid uns durchdringt, ist die Empfindung nach dem Leid eine tiefere Freude.

Ohne Leid hätten die großen Musiker, Erfinder und Denker nicht jene Stufe erreicht, auf der sie in der Welt Erfolg hatten. Wenn sie immer nur Freude erfahren hätten, könnten sie nicht die Tiefe des Lebens ermessen! – Wenn wir Vorstellungskraft haben, erfreuen wir uns an der Tragödie mehr als an der Komödie: Die Komödie ist für Kinder, die Tragödie für den reifen Menschen.

Nur durch Schmerz wird jemand zu dem, was wir eine alte Seele nennen, zu einem, der zwar jung sein mag, aber dessen Gedanken in die Tiefe gehen.

HAZRAT INAYAT KHAN

4. NOVEMBER

In meinen Wunden wachsen Perlen

„Verwundete Austern lassen aus blutigen Wunden eine Perle entstehen. Den Schmerz, der sie zerreißt, verwandeln sie in einen Juwel“ (Richard Shanon). In meinen Wunden wachsen die Perlen. Sie können in mir aber nur entstehen, wenn ich mich mit meinen Wunden aussöhne. Wenn ich die Zähne zusammenbeiße, um meine Wunden krampfhaft zu verschließen, kann darin nichts wachsen. Es tut oft weh, mit meiner Wunde in Berührung zu sein. Da spüre ich die Ohnmacht, sie loszuwerden. Sie wird immer in mir sein, selbst wenn sie vernarbt ist. Aber wenn ich meine Wunde annehme, dann kann sie sich zu einer Quelle von Leben und Liebe verwandeln.

ANSELM GRÜN

5. NOVEMBER

Tor nach innen

Wir leben oft in der Illusion, dass all unsere Wunden heilen können. Wir benutzen dann Gott dazu, dass er unsere Wunden heilen soll. Unter Heilung verstehen wir, dass die Wunden sich schließen und wir sie nicht mehr spüren. [...] Erst wenn wir bereit sind, uns mit unserer Wunde auszusöhnen, kann sie für uns zum Tor nach innen werden, zum Tor in den unverwundeten und heilen Raum, in dem Gott selbst in uns wohnt.

ANSELM GRÜN

6. NOVEMBER

Im Dunkel hat das Lächeln einen Sinn

Was von uns verlangt wird, ist, dass wir das *Schwere* lieben und mit dem Schweren umgehen lernen. Im Schweren sind die freundlichen Kräfte, die Hände, die an uns arbeiten. Mitten im Schweren sollen wir unsere Freuden haben, unser Glück, unsere Träume: Da, vor der Tiefe dieses Hintergrunds, heben sie sich ab, da sehen wir erst, wie schön sie sind. Und nur im Dunkel der Schwere hat unser kostbares Lächeln einen Sinn; da leuchtet es erst mit seinem tiefen, träumenden Licht, und in der Helligkeit, die es für einen Augenblick verbreitet, sehen wir Wunder und Schätze, von denen wir umgeben sind.

RAINER MARIA RILKE

7. NOVEMBER

Enttäuschungen als Chance wahrnehmen

Manche reagieren resigniert auf Enttäuschung. Sie finden sich halt ab mit dem Leben, wie es ist. Aber in ihrem Herzen stirbt jede Lebendigkeit ab, jede Hoffnung. Die Träume vom Leben werden begraben. Auch die Enttäuschung könnte mich zum Schatz führen. Vielleicht will sie mich von den Illusionen befreien, die ich mir über mich und meine Zukunft gemacht habe. Vielleicht habe ich alles mit einer rosaroten Brille angeschaut, und jetzt reißt mir die Enttäuschung die Brille vom Gesicht, zeigt mir die Wahrheit meines Lebens.

ANSELM GRÜN

8. NOVEMBER

Mangel an Geduld (1)

Die Weisen haben immer die Zufriedenheit gelehrt. „Widerstrebt nicht dem Übel!“, heißt es in der Bibel. Und doch, wie viele geben dem Übel nach! Die eigentliche Meinung der Heiligen Schrift ist folgende. Angenommen, jemand sei böse mit uns. Lehnen wir uns dagegen auf, so nehmen wir teil an seinem Ärger; dem Feuer, das in unserem Gemüt entzündet wird, erlauben wir zu entflammen. Widersteht dem Übel nicht auf diese Weise! Nehmt nicht teil am Übel des anderen! Ist man aber ruhig und gelassen, so wird die Ruhe und Sanftmut eine größere Wirkung auf den anderen ausüben als sein Zorn. Der wahre Widerstand ist also eine Übung der Geduld.

HAZRAT INAYAT KHAN

9. NOVEMBER

Mangel an Geduld (2)

Geduld ist die beste Eigenschaft, die der Mensch entwickeln kann. Wir sind immer geneigt, aufgeregt oder verärgert zu werden, wenn andere uns nicht verstehen. Warum denn sich aufregen, falls es anderen nicht möglich ist, uns zu verstehen? Durch die Erregung machen wir diejenigen, die dumm oder ungeschickt sind, nur noch dümmer und ungeschickter. Wir können ihnen auf diese Weise nicht helfen, sondern haben teil an ihrer Art, indem wir ihnen widerstehen. Wenn wir innerlich ruhig wären, wenn wir Geduld hätten, dann wären wir in Harmonie. Harmonie ist das Größte, was wir im Leben zu lernen haben. Alle Misshelligkeiten in der Ehe, zwischen Freunden und Geschäftspartnern und in der Politik entstehen aus Mangel an Geduld.

HAZRAT INAYAT KHAN

10. NOVEMBER

Von einer schweren Last befreit!

Wenn mir Menschen aus ihrem Leben erzählen und ausführlich schildern, welch schwere Lasten sie zu tragen haben, fühle ich meist intensiv mit ihnen. Besonders bedrückend finde ich es, wenn diese Lasten eigentlich nicht sein müssten: Jemand lebt seit Jahren mit einem Partner zusammen, der ihm das Leben zur Hölle macht. Jemand macht sich Sorgen über die längst erwachsenen Kinder, obwohl er damit nichts an der Situation der Kinder ändert. Jemand kann wegen finanzieller Probleme nicht mehr schlafen und lebt trotzdem weiter über seine Verhältnisse. Jemand klagt über Langeweile und sitzt den ganzen Tag zu Hause vor dem Fernsehapparat.

Ich freue mich, wenn so ein Mensch erkennt, dass es an ihm selbst liegt, ob er glücklich ist oder nicht. Ich freue mich, wenn er die notwendigen Konsequenzen zieht und etwas in seinem Leben verändert. Ich freue mich, wenn er sich von einer schweren Last befreit und endlich wieder lachen kann.

RAINER HAAK

Alles in uns tritt zurück

Ich glaube, dass fast alle unsere Traurigkeiten Momente der Spannung sind, die wir als Lähmung empfinden, weil wir unsere befremdeten Gefühle nicht mehr leben hören. Weil wir mit dem Fremden, das bei uns eingetreten ist, allein sind; weil uns alles Vertraute und Gewohnte für einen Augenblick fortgenommen ist; weil wir mitten in einem Übergang stehen, wo wir nicht stehen bleiben können. Darum geht die Traurigkeit auch vorüber:

Das Neue in uns, das Hinzugekommene, ist in unser Herz eingetreten, ist in seine innerste Kammer gegangen und ist auch dort nicht mehr – ist schon im Blut. Und wir erfahren nicht, was es war. Man könnte uns leicht glauben machen, es sei nichts geschehen, und doch haben wir uns verwandelt, wie ein Haus sich verwandelt, in welches ein Gast eingetreten ist. Wir können nicht sagen, wer gekommen ist, wir werden es vielleicht nie wissen, aber es sprechen viele Anzeichen dafür, dass die Zukunft in solcher Weise in uns eintritt, um sich in uns zu verwandeln, lange bevor sie geschieht. Und darum ist es so wichtig, einsam und aufmerksam zu sein, wenn man traurig ist: weil der scheinbar ereignislose und starre Augenblick, da unsere Zukunft uns betritt, dem Leben so viel näher steht als jener andere laute und zufällige Zeitpunkt, da sie uns, wie von außen her, geschieht. – Je stiller, geduldiger und offener wir als Traurige sind, umso tiefer und umso unbeirrter geht das Neue in uns ein, umso besser erwerben wir es.

RAINER MARIA RILKE

12. NOVEMBER

Unglück mit Würde tragen

Das möchte ich: der Klippe gleichen, an der sich ständig die Wogen brechen; sie aber steht fest, und die ringsum tobende See beginnt sich zu legen! – „Ich Unglücklicher, dass mir das widerfahren musste!" Nicht so, lieber Freund, sondern: Wie glücklich bin ich, dass ich unbekümmert wie zuvor lebe, obwohl mir das zustieß, und weder an der Gegenwart zerbreche noch die Zukunft fürchte. Ein Unglück wie dieses konnte jeden treffen, aber nicht jeder wäre in seiner Seele unverwundet geblieben. […] Denk bei allem, was dich betrüben will, an den Grundsatz: Dies ist kein Unglück für mich, wohl aber ein Glück, es mit Würde tragen zu können.

MARC AUREL

13. NOVEMBER

Unglück verschmilzt im Glück

Wir müssen versuchen, uns an das Leben anzupassen; es ist nicht Sache des Lebens, sich an uns anzupassen. Seien wir weder zu leer noch zu erfüllt.

Als ich erblindete, begriff ich zunächst, dass ich mich darein schicken würde, blind zu sein. In den meisten unglücklichen Situationen – so kann man annehmen – kommt es darauf an, dass man sich zu helfen weiß.

Ist man dazu imstande, so fügt sich die unglückliche Lage meist in den Plan eines glücklichen Lebens ein.

CHARLES DE MONTESQUIEU

14. NOVEMBER

Es kommt alles noch herrlicher wieder

Man muss nie verzweifeln, wenn einem etwas verloren geht, ein Mensch oder eine Freude oder ein Glück; es kommt alles noch herrlicher wieder. Was abfallen muss, fällt ab; was zu uns gehört, bleibt bei uns, denn es geht alles nach Gesetzen vor sich, die größer als unsere Einsicht sind und mit denen wir nur scheinbar im Widerspruch stehen. Man muss in sich selber leben und an das ganze Leben denken, an alle seine Millionen Möglichkeiten, Weiten und Zukünfte, denen gegenüber es nichts Vergangenes und Verlorenes gibt.

RAINER MARIA RILKE

15. NOVEMBER

Pflicht ist, das Schwere zu lieben

Steh froh auf zu deinem Werktage, wenn du es kannst. Und kannst du es nicht, was hindert dich daran? Ist da etwas Schweres im Wege? Was hast du gegen das Schwere? Dass es dich töten kann. Es ist also mächtig und stark. Das weißt du von ihm. Und was weißt du vom Leichten? Nichts. An das Leichte haben wir gar keine Erinnerung. Selbst wenn du also wählen dürftest, müsstest du nicht eigentlich das Schwere wählen? [...] – Es gibt gar nicht ein Leichtes und ein Schweres. Das Leben selbst ist das Schwere. Und leben willst du doch? Was aber ist denn Pflicht? Pflicht ist, das Schwere zu lieben [...]; du musst da sein, wenn es dich braucht.

RAINER MARIA RILKE

16. NOVEMBER

Die einzige Chance

Wenn das Leid dich trifft, werde nicht rebellisch. Sage nicht: „Unmöglich! Alles, nur das nicht. Das kann ich nicht annehmen. Das ist zu schwer und zu ungerecht. Das habe ich nicht verdient."

Das Leid ist ein Geheimnis. [...] Versuche anzunehmen. Vielleicht kannst du ein neuer Mensch werden, innerlich tiefer und reicher, gütiger, einfühlsamer in die Lage anderer. Versuche anzunehmen. Das ist deine einzige Chance. Das Leid macht dein Herz größer und weiter und öffnet es für nie gekannte Freuden. Durch eigenes Leid erfahren, kannst du ein rettender Hafen werden für Menschen in großer Not.

PHIL BOSMANS

17. NOVEMBER

Versöhne dich mit dem Leben (1)

Wieder sah ich einen Mann schrecklich leiden unter dem unwiderruflichen Verlust seiner Frau. Er erinnerte mich an einen anderen, der vor einiger Zeit bei mir saß wie ein Granitblock, mit versteinertem Gesicht. Die Worte, die er mit Pausen hervorstieß, klangen wie ein Fluch: „Das darf nicht wahr sein: meine Frau – tot. Verunglückt. Es geht nicht ohne sie. Ich kann nicht. Ich mache Schluss." – „Versuche, dich zu versöhnen", sagte ich leise. „Ich will nicht, ich kann nicht, ich mache Schluss."

PHIL BOSMANS

18. NOVEMBER

Versöhne dich mit dem Leben (2)

Manchmal kann Leben für Menschen entsetzlich sein. Arthur Miller schreibt in einem seiner Theaterstücke: „Ich träumte, dass mein Leben ein Kind von mir war. Aber es war verunstaltet, mongoloid, und ich lief weg. Immer wieder kroch es mir auf den Schoß, bis ich dachte: Wenn ich es küssen kann, kann ich vielleicht schlafen. Und ich bog meinen Kopf über sein verzerrtes Gesicht, es war schrecklich ... aber ich küsste es."

Ja, ich glaube: Am Ende musst du dein Leben in die Arme nehmen, so wie dein Leben ist, und musst dich damit versöhnen, so hart und schwer das auch ist. Aber wenn du es geküsst hast, wird es anders, erträglicher.

Mach dir keine Illusionen. Glück ist keine Dauervorstellung im Theater des Lebens. Tiefes Glück kommt und geht und dauert meist nicht lang. In der übrigen Zeit heißt es: daran denken und darauf warten! Versöhne dich mit dem Leben, so wie es ist. Heute. Jetzt. Um das bisschen Glück, das auf dich wartet, nicht zu verfehlen.

PHIL BOSMANS

19. NOVEMBER

Ins Dunkel fallen ... (1)

Ein früher Novemberabend, ich bin zuhause. Tagsüber wollte es nicht hell werden, die zwei Gespräche, die ich heute führte, haben mich sehr angestrengt. Ich sitze an meinem Schreibtisch, habe die kleine Kerze angezündet, im Hintergrund Musik.

Ich fühle mich müde, aber von einer solchen Müdigkeit, die der Schlaf nicht stillen kann. Ich bin lustlos, obwohl so viel Arbeit zu erledigen wäre. Ich sitze da und warte, warte darauf, dass irgendetwas geschieht. Ich weiß noch nicht einmal, worauf ich warte – einen Anruf fände ich jetzt eher lästig, Besuch eher mühsam. Nein, es ist wohl nichts, das von außen kommt, worauf ich warte. Da ist etwas in mir – und es drängt zum Leben, will gelebt sein. Jetzt etwas anderes zu tun, dies zu überdecken, wäre Verrat an mir selbst. Und gleichzeitig habe ich Angst vor dem, was da in mir ist, habe ich Angst vor dem Dunkel ...

ANDREA SCHWARZ

20. NOVEMBER

Ins Dunkel fallen ... (2)

Da ist so viel Sehnsucht in mir – und zugleich dieses Wissen um Unerfüllbarkeit ... Manchmal zerreißt mich diese Spannung schier. Da halte ich all diese Lebendigkeit fast nicht aus – und spüre, dass genau dieses Nicht-mehr-aushalten-Können wiederum zur Lebendigkeit gehört.

ANDREA SCHWARZ

21. NOVEMBER

Eigentlich bin ich ein ganz glücklicher Mensch (1)

Den größten Teil meines Lebens habe ich als Flüchtling außerhalb meines eigenen Landes verbracht. Viele Tibeter vertrauen mir, sie haben große Erwartungen, und meine Aufgabe und Verantwortung sind sehr groß. Es gab und gibt immer noch sehr viele Schwierigkeiten. Trotz zahlloser Bedrängnisse und Probleme über diesen ganzen Zeitraum hinweg scheint mir dennoch, dass, wenn ich meine Erfahrungen und Erlebnisse mit denen anderer vergleiche, ich eigentlich ein ganz glücklicher Mensch bin.

DALAI LAMA

22. NOVEMBER

Eigentlich bin ich ein ganz glücklicher Mensch (2)

Wenn mich schlechte Nachrichten erreichen, oder es geschieht etwas Schreckliches oder Tragisches, erlebe natürlich auch ich Momente der Angst, Traurigkeit und Entmutigung, die aber nicht lange andauern. Trotz der gegebenen Umstände bleibt mein Geist relativ stabil und ruhig. Für mich bedeutet das eine große Hilfe und trägt dazu bei, dass meine Intelligenz und Klugheit mich nicht im Stich lassen und ohne größere Störungen normal funktionieren, so dass ich mühelos ruhig schlafen kann. [...]

Gleichgültig ob man gläubig ist oder nicht, durch eine entsprechende Praxis kann man seine innere geistige Haltung und Einstellung zu Dingen und Ereignissen ändern, was dazu führt, dass man ruhiger wird und mehr mit sich in Frieden und Einklang lebt, und damit ist man auch eher in der Lage, heikle und drängende Probleme, ja sogar kompliziverteste Dinge zu meistern und zu bewältigen.

DALAI LAMA

23. NOVEMBER

Schatten sind unsere Begleiter

Wohin du dich auch wendest, dein Schatten wird dich nicht verlassen. Er gehört zu dir wie ein unverwechselbares Gesicht. Wünsche dir Gelassenheit, dich selbst mit all deinen Eigenschaften annehmen zu können, um auch andere mit ihren guten und schwierigen Seiten zu akzeptieren. Alles, was lebt – das Ich und das Du –, wirft seinen eigenen Schatten. Er kann wie ein wunderbarer Wegweiser zum Licht werden. Wie hell es ist, liegt auch daran, ob wir uns gegenseitig in den Schatten stellen oder uns gegenseitig zum Lichtblick werden.

Kennst du Momente, in denen tief in dir etwas von jenem Geheimnis aufleuchtet, das uns am Leben hält? Situationen, aus denen heraus sich das Unfassbare widerspiegelt, das uns wie Licht umgibt, klar und geheimnisvoll zugleich? Wie die Sonnenstrahlen im Wasser oder durch Glas gebrochen werden, so kann uns eine andere, zweite Wirklichkeit durch ungewöhnliche Ereignisse erreichen, die uns an Leib und Seele berühren. – Glanz entsteht nicht nur an der Oberfläche, er verweist auf eine innere Glut.

THOMAS ROMANUS

24. NOVEMBER

Von der Kraft des Wünschens (1)

Wenn Menschen vom Dunkel umfangen sind, scheinen sie oft kraft- und antriebslos zu sein. Meist aber täuscht dieser Eindruck. Selbst im größten Unglück, in tiefster Dunkelheit, haben Menschen in aller Regel noch ein Bild, eine Ahnung davon, wie es denn sein könnte, wenn es all dieses Leid nicht mehr gäbe. Wenn sich ein solches Ahnen auch vielleicht nur in der resignativen Aussage „Wenn doch nur erst alles vorbei wäre!" zeigen mag – trotzdem. Es gibt noch eine Vorstellung davon, wie es denn über den jetzigen Zustand hinaus noch sein könnte. Wirklich resigniert hat erst der, der keine Wünsche mehr hat. [...]

ANDREA SCHWARZ

25. NOVEMBER

Von der Kraft des Wünschens (2)

Aber so einfach ist das manchmal mit dem Wünschen gar nicht. Davon weiß schon ein altes Märchen zu erzählen: Da kommt überraschend eine Fee zu einem älteren Ehepaar und eröffnet ihnen, dass sie drei Wünsche frei hätten. Sehr spontan sagt die Frau den Gedanken, den sie gerade im Kopf hatte, bevor die Fee kam: „Ach, ich hätte so gerne eine Bratwurst mit Kartoffelbrei!" und, kaum hast du dich versehen, steht auch schon ein Teller mit der Wurst und dem Kartoffelbrei vor ihr.

Der Mann, wütend darüber, wie die Frau den ersten Wunsch regelrecht verschleudert hat, sagt zornig und wohl etwas unüberlegt: „Ach, würde doch die Wurst an deiner Nase hängen!" – und, kaum ausgesprochen, hängt die Wurst auch schon tatsächlich an der Nase seiner Frau. Den beiden bleibt nichts anderes übrig, als den dritten Wunsch dafür einzusetzen, die Wurst von der Nase wieder wegzuzaubern – und so haben sie ihre drei Wünsche leichtfertig vertan.

ANDREA SCHWARZ

26. NOVEMBER

Von der Kraft des Wünschens (3)

Dies ist eine Botschaft dieses und vieler anderer Märchen: Da kommt jemand, mitten in meinen Alltag hinein, und sagt: Du hast drei Wünsche frei. Gelegentlich brauche ich einen Anstoß, den „Kick" von außen, um mich überhaupt erst wieder auf die Kraft des Wünschens zurückzubesinnen.

Richtig wünschen zu können aber ist eine Kunst, die wir Erwachsenen oft verlernt haben. Und es würde sich lohnen, hier wieder einmal bei den Kindern in die Lehre zu gehen. Die können das noch: kraftvoll wünschen und sehnsüchtig hoffen, dass der Wunsch in Erfüllung geht. Wir Großen haben uns manchmal schon so mit dem Alltag und seinen Gegebenheiten arrangiert, dass wir gar nicht mehr auf die Idee kommen, uns noch etwas zu wünschen.

ANDREA SCHWARZ

27. NOVEMBER

Von der Kraft des Wünschens (4)

Man darf sich etwas wünschen – das ist zutiefst christlich und menschlich. Aber, und auch dies ist eine Botschaft dieses Märchens: Es gibt solche und solche Wünsche. Natürlich kann ich mir das Feuerzeug, das Buch, den Pullover wünschen, und möglicherweise liegt das dann auch auf dem Gabentisch – aber brauche ich das wirklich? Oder bleibt nicht doch trotz vieler Geschenke und erfüllter Wünsche manchmal eine seltsame Leere zurück? Stillt das Gewünschte meine Sehnsucht? Die Frau und der Mann in dem Märchen geben ihren spontanen Bedürfnissen nach, als die Fee sie nach ihren Wünschen fragt – sehr zufrieden dürften sie selbst mit der Erfüllung dieser Wünsche im Nachhinein nicht gewesen sein.

ANDREA SCHWARZ

28. NOVEMBER

Von der Kraft des Wünschens (5)

Sich etwas zu wünschen, das ist mehr als nur etwas zu benennen, was ich geschenkt bekommen möchte, das ist mehr, als ein momentanes Bedürfnis zu stillen. Kraftvolle Wünsche kommen aus der Tiefe und entspringen einer Sehnsucht, die zugleich das Bild einer anderen Wirklichkeit zeigt.

Wenn ich solche Wünsche bei mir entdecken will, dann muss ich zunächst einmal auf mein Leben genauer hinschauen. Da gibt es Dunkelheiten, da sind Tränen und Leere, da ist Gebrochenheit, nicht gelebtes Leben. Indem ich mich diesen Dunkelheiten stelle, kann mir bewusst werden, unter welchem Mangel ich eigentlich wirklich leide: ein Mangel an Beziehung und Freundschaft, ein Mangel an Sinnerfüllung, ein Mangel an Möglichkeiten, mir selbst zu begegnen, ein Mangel an Gott, ein Mangel an Lebendigkeit. Aus einem solchen Ahnen oder Wissen um das Dunkle in mir wird dann die Sehnsucht wachsen, eine tiefe Sehnsucht, die mich unruhig macht und umhertreibt. Ich habe Sehnsucht, ja ich bin Sehnsucht – das ist Wünschen.

ANDREA SCHWARZ

29. NOVEMBER

Von der Kraft des Wünschens (6)

Advent ist die Zeit des Wünschens. Es ist eine Zeit, mich auf mich selbst zurückzubesinnen, Einkehr bei mir zu halten. Statt vorschnell Lichter anzuzünden, wäre es jetzt eher an der Zeit, sich den Dunkelheiten zu stellen und sie anzunehmen und auszuhalten. Dann kann daraus die Sehnsucht wachsen, die Sehnsucht nach einer anderen und besseren Welt. Eine solch tiefe Sehnsucht aber wird mich selbst nicht unberührt lassen, sie wird mich umtreiben, unruhig machen, bis ich schließlich selbst den Aufbruch wage, einen Aufbruch in das Ungewisse hinein, nur einen Stern vor Augen, eine Verheißung in den Ohren – das ist Advent.

ANDREA SCHWARZ

Von der Kraft des Wünschens (7)

Und das ist ein anderer Advent. Nicht die Jagd nach Geschenken in den Kaufhäusern ist gemeint, nicht das Schreiben ungezählter Pflichtweihnachtsgrüße, nicht der häusliche Weihnachtsputz, nicht die kraftzehrenden Vorbereitungen, damit alles möglichst schön und nett ist – nein. Das Dunkel aushalten, die Sehnsucht wachsen lassen, damit kraftvolle Visionen entstehen können, Visionen, wie wir sie in diesen Tagen auch in den offiziellen Kirchentexten immer wieder hören:

> *Dann wohnt der Wolf beim Lamm, der Panther liegt beim Böcklein. Kalb und Löwe weiden zusammen, ein kleiner Knabe kann sie hüten. Kuh und Bärin freunden sich an, ihre Jungen liegen beieinander. Der Löwe frisst Stroh wie das Rind. Der Säugling spielt vor dem Schlupfloch der Natter, das Kind streckt seine Hand in die Höhle der Schlange. Man tut nichts Böses mehr und begeht kein Verbrechen auf meinem ganzen heiligen Berg* (Jesaja 11,6–9a).

ANDREA SCHWARZ

DEZEMBER

Offen für alles, was kommt

Die wunderbare Kraft der Visionen

1. DEZEMBER

Advent – Aufbruch ins Abenteuer (1)

Vor kurzem machte mich ein Freund darauf aufmerksam, dass das deutsche Wort „Advent“ ganz ähnlich klingt wie das englische Wort „adventure“, also „Abenteuer“. Ich weiß nicht, ob es tatsächlich der gleiche Wortstamm ist, aus dem heraus sich die beiden Wörter jeweils entwickelt haben – überrascht hat mich diese Übereinstimmung schon. Aber wenn ich näher hinschaue – Abenteuer Advent, warum eigentlich nicht?

ANDREA SCHWARZ

2. DEZEMBER

Advent – Aufbruch ins Abenteuer (2)

Abenteuer – bei diesem Wort denke ich an Aufbruch, Wagnis, Mut. Da zieht einer los, verlässt das Bekannt-Vertraute, macht sich auf den Weg ins Unbekannte. Da unternimmt jemand etwas, dessen Ausgang offen ist. Da bleibt einer nicht in aller Ruhe am warmen Kachelofen sitzen – sondern da bewegt sich etwas, passiert etwas. Manchmal mag das gar nicht so ungefährlich sein. Und vielleicht liegt gerade darin der ganz eigene Reiz eines solchen Abenteuers, seine Faszination.

ANDREA SCHWARZ

Advent – Aufbruch ins Abenteuer (3)

Advent ist die Einladung zum Leben – und Jesus ist die menschgewordene Einladung Gottes. Er gesellt sich zu den Menschen, um sich mit ihnen neu auf den Weg zu machen, auf einen Weg, der das mögliche Ziel nur ahnt. Wer sich auf eine solche Einladung zum Leben einlässt, wer sich auf den Weg macht – mit dem geschieht etwas, der bleibt nicht unberührt.

Mich lockt das Leben! Ich habe die Einladung gehört und will sie nicht abschlagen. Dieses Leben ist mir geschenkt – und ich will leben! Ich will das Leben auskosten, verschmecken, mit allen Sinnen, mit all seinen dunklen und hellen Seiten, mit Freude und Lachen, mit Tränen und Protest, mit Zuversicht und Hoffnungslosigkeit. Ich will das Leben, was menschenmöglich ist.

Ich will nicht vor dem Leben kneifen, weil es Unruhe in meinen gewohnten Tagesablauf hineinbringen kann. Wenn das Leben auch die Unordnung, das Chaos ist, dann sollen auch sie einen Platz in meinem Leben haben.

Weihnachten ist die Botschaft, dass mich dieser Gott zu einem solchen Weg einlädt – und dass er mich auf diesem Weg nicht allein lässt. Gott wird Mensch – und lässt sich auf all das Menschenmögliche ein. Nichts, was ich erlebe, erleide, an dem ich mich erfreue, ist ihm fremd. Er geht mit – und entzieht sich auch den dunklen Stunden nicht.

Gott lädt ein zum Abenteuer Leben – und mitten im Aufbruch weiß ich mich geborgen.

ANDREA SCHWARZ

4. DEZEMBER

Ich lebe mein Leben in wachsenden Ringen

Ich lebe mein Leben in wachsenden Ringen,
die sich über die Dinge ziehn.
Ich werde den letzten vielleicht nicht vollbringen,
aber versuchen will ich ihn.

Ich kreise um Gott, um den uralten Turm,
und ich kreise jahrtausendelang;
und ich weiß noch nicht: Bin ich ein Falke, ein Sturm
oder – ein großer Gesang.

RAINER MARIA RILKE

5. DEZEMBER

Friede im Herzen

In den Sternen sind Vergangenheit und Zukunft in unserer Gegenwart präsent. Ihr Licht braucht schier endlos viele Jahre, um uns zu erreichen. So wird unsere irdische Existenz in einen viel größeren Rahmen gefügt. Zeit und Raum sind Größen, die wir nie zu erfassen vermögen. Trotz allen Fortschritts bleiben wir den maßlosen Naturkräften ausgeliefert und stellen selber nur einen winzig kleinen Teil des Universums dar. Doch sind wir der Erde besonders verbunden. Sie ist der Ort, auf dem und von dem wir leben und für dessen Wohl und Wehe jeder Mensch mitverantwortlich ist, unserer Heimat.

Augenblicke wünsche dir, aus denen dir das unendliche Geheimnis des Lebens ahnend aufleuchtet, das uns mit der Kraft seines Lichtes durchdringt und erfüllt, aber doch wahrlich unerreichbar und unnachahmlich für uns bleibt. Es lässt uns ahnen, woran zu glauben sich lohnt und was uns inneren, weiten Frieden schenkt.

Wenn wir uns ergreifen lassen von jener Energie, die Ursprung, Ziel und Weg zugleich ist, strahlt etwas auf von der zeitlosen Gegenwart des Lichtes.

THOMAS ROMANUS

6. DEZEMBER

Weisheit der Indianer

Zuletzt machte Manitu den Menschen. Obwohl er der letzte und von allen Wesen das hilfloseste war, empfing der Mensch die größte Gabe – die Fähigkeit zu träumen.

JOHNSTON, MANITU

* * *

Ihr weißen Menschen verlangt von uns, dass wir die Erde pflügen, dass wir Gras schneiden und daraus Heu machen und es verkaufen, damit wir reich werden. Ihr weißen Männer kennt nur die Arbeit. Ich will nicht, dass meine jungen Männer euch gleich werden. Menschen, die immer nur arbeiten, haben keine Zeit zum Träumen, und nur wer Zeit zum Träumen hat, findet Weisheit.

SMOHALLA

7. DEZEMBER

Schauen und staunen

Es gibt ein Staunen, das oberflächlich bleibt. Das gilt zum Beispiel, wenn ich die großartige Landschaft nur im Fernsehen oder aus dem Auto heraus betrachte. Das gilt, wenn ich mir zu wenig Zeit oder mich von anderen Dingen ablenken lasse. Oberflächliches Staunen kann mir Kommentare entlocken wie „Großartig!" oder „Einmalig!", doch es dringt nicht wirklich zu mir durch und wühlt mich nicht auf.

Wirkliches Staunen kann ich erst erfahren, wenn ich auch innerlich angekommen bin, dort am Meeresufer, auf dem Berg, bei dem kleinen Käfer, bei der zarten Blüte. Wirkliches Staunen wühlt mich zutiefst auf und lässt mich zuerst einmal völlig verstummen. Ein Gefühl durchströmt mich, das in diesem Augenblick alles andere in den Schatten stellt.

Wirkliches Staunen verändert mich. Es schenkt mir eine innige Verbindung zu dieser Erde und eine Sehnsucht nach dem Himmel. Und plötzlich spüre ich, dass mein Herz Flügel hat.

RAINER HAAK

8. DEZEMBER

Was stark macht

Ein Mensch konnte nichts Schönes und Gesundes ertragen. Als er in einer Oase einen jungen Palmbaum im schönsten Wuchs fand, nahm er einen schweren Stein und legte ihn der jungen Palme mitten in die Krone. Mit einem Lachen ging er weiter.

Die Palme versuchte, die Last abzuwerfen. Sie schüttelte und bog sich. Vergebens. Sie krallte sich tiefer in den Boden, bis ihre Wurzeln verborgene Wasseradern erreichten. Diese Kraft aus der Tiefe und die Sonnenglut aus der Höhe machten sie zu einer königlichen Palme, die auch den Stein hochstemmen konnte.

Nach Jahren kam der Mann wieder, um sich an dem Krüppelbaum zu erfreuen. Da senkte die kräftige Palme ihre Krone, zeigte den Stein und sagte: „Ich muss dir danken. Deine Last hat mich stark gemacht."

AUS TUNESIEN

9. DEZEMBER

Ein Gespür für Unsichtbares

Wünsche dir, dass du staunen kannst über all die Dinge und Begebenheiten, die dich überraschen und die nicht selbstverständlich sind.

Wer sich zu wundern vermag, hat den Glauben an das Gute nicht aufgegeben. Er ist offen für die Wunder des Alltags. Sie sind kein überirdischer Zauber, sondern ein Lichtblick, der die jeweilige Situation ausleuchtet und tief in uns hineinstrahlt.

Glücksmomente zu erkennen und zu erleben hängt davon ab, auch ein Gespür für das Unsichtbare wach zu halten, das uns umgibt.

THOMAS ROMANUS

Was Menschen brauchen

Ein König hatte zwei Söhne. Als er alt wurde, wollte er einen der beiden zu seinem Nachfolger bestellen. Er versammelte die Weisen seines Landes und rief seine Söhne herbei.

Er gab jedem der beiden fünf Silberstücke und sagte: „Füllt für dieses Geld die Halle in unserem Schloss bis zum Abend. Womit, das ist eure Sache."

Der Älteste ging davon und kam an einem Feld vorbei. Dort waren die Arbeiter dabei, das Zuckerrohr zu ernten und in einer Mühle auszupressen. Das ausgepresste Zuckerrohr lag nutzlos umher. Er dachte sich: „Das ist eine günstige Gelegenheit, mit diesem nutzlosen Zeug die Halle zu füllen."

Bis zum Nachmittag war es geschafft. Der älteste Sohn ging zu seinem Vater und sagte: „Ich habe deine Aufgabe erfüllt. Auf meinen Bruder brauchst du nicht zu warten. Mach mich zu deinem Nachfolger." Der Vater antwortete: „Es ist noch nicht Abend. Ich werde warten."

Bald darauf kam auch der jüngere Sohn. Er bat darum, das Zuckerrohr wieder aus der Halle zu entfernen. Nachdem das geschehen war, stellte er mitten in die Halle eine Kerze und zündete sie an.

Ihr Schein füllte die Halle bis in die letzte Ecke.

Der Vater sagte: „Du sollst mein Nachfolger sein. Du hast nicht einmal ein Silberstück gebraucht und hast sie mit Licht gefüllt. Das ist es, was Menschen brauchen."

VON DEN PHILIPPINEN

11. DEZEMBER

Erfahrungen und Rat (1)

In Mazedonien war es in früheren Zeiten üblich, dass die alten Menschen, wenn sie krank und gebrechlich waren, auf den Bergen ausgesetzt wurden.

Eines Tages trug ein junger Bauer seinen alten Vater ins Gebirge. Als er ihn dort absetzen wollte, bat der Vater, ihn noch ein Stück weiter hinaufzutragen. Auf die Frage, warum ihm der Ort nicht gefalle, meinte der Alte: „Bis hierher habe ich meinen Vater getragen, und ich möchte gern an einem anderen Ort sterben."

AUS JUGOSLAWIEN

12. DEZEMBER

Erfahrungen und Rat (2)

Da fiel dem jungen Bauern ein, dass es ihm in etwa dreißig Jahren ebenso ergehen werde. Er kehrte mit seinem Vater um und verbarg ihn zu Hause.

Aber nun fiel den Nachbarn auf, dass der Hof dieses jungen Bauern aufblühte, und sie überlegten, dass da doch jemand da sein müsse, der den Jungen mit Erfahrungen und Ratschlägen unterstütze. Sie fragten nach, und als sie die Wahrheit erfuhren, machten sie es ihm nach.

AUS JUGOSLAWIEN

Das Geheimnis der Brücke

An einem Fluss wohnten zwei Bauern, der eine am rechten, der andere am linken Ufer. Die Bauern waren neidisch aufeinander. Wenn sie morgens pflügten, schimpfte der eine, weil sein Feld im Schatten lag, das des Nachbarn aber in der Sonne. Und wenn sie abends Holz hackten, schimpfte der andere, weil sein Haus jetzt im Schatten, das des Nachbarn aber in der Sonne lag. [...]

Die beiden Kinder der Bauern saßen in der Mittagszeit am Wasser und langweilten sich. Doch eines schönen Tages war der Wasserspiegel gesunken, und aus dem Wasser ragten so viele große Steine, dass die Kinder hinüberhüpfen konnten. Sie trafen in der Mitte zusammen. Sie setzten sich auf einen großen Stein und fingen an, sich Geschichten zu erzählen, und sie hüpften nun jeden Mittag über die Steine, um sich in der Mitte zu treffen.

Die Eltern aber wunderten sich, woher ihre Kinder plötzlich Dinge wussten, von denen sie selbst noch nie gehört hatten. Doch eines Tages, nach einem langen Regen, hörten die Kinder auf, Geschichten zu erzählen, zu lachen, zu singen. Das Wasser im Fluss war wieder angestiegen und die Kinderbrücke verschwunden. Da erfuhren die Eltern endlich das Mittagsgeheimnis ihrer Kinder, und sie fingen an nachzudenken. Als sie lange nachgedacht hatten, beschlossen sie, mit ihren Kindern aus den übrig gebliebenen Steinen eine Brücke zu bauen.

AUS DER TSCHECHOSLOWAKEI

14. DEZEMBER

Buch des Todes – Buch des Lebens (1)

Zwei Schiffe segeln im Meer: Das eine verlässt den Hafen, das andere fährt gerade in den Hafen ein. Eine fröhliche Gesellschaft bereitet dem hinausfahrenden einen festlichen Abschied: Händeklatschen und Freudengeschrei begleiten die Abreise. Das Schiff, das gerade einfährt, beachtet niemand.

Ein verständiger Mann, der diese Szene beobachtet hat, sagt: Das hier ist eine verkehrte Welt: Wer abreist, wird gefeiert, dem Zurückkehrenden begegnet Gleichgültigkeit. Arme Toren! Feiert lieber das Schiff, das die Reise glücklich vollendet hat und aus den Gefahren, denen es ausgesetzt gewesen war, errettet ist, und weint über das Schiff, das abfährt und den Stürmen des Meeres entgegensegelt.

ALTJÜDISCHE ÜBERLIEFERUNG

15. DEZEMBER

Buch des Todes – Buch des Lebens (2)

So machen es die Menschen: Wird einer geboren, feiern sie ein Fest; stirbt er, so weinen sie. Sie sollten weinen, wenn einer geboren wird, weiß doch niemand, ob er in den Gefahren und Verführungen des Lebens bestehen wird; und lachen sollte man, wenn einer stirbt, der einen guten Namen hinterlässt. Wird ein Mensch geboren, so wird er ins Buch des Todes eingetragen; stirbt ein Mensch, wird er ins Buch des Lebens eingetragen.

ALTJÜDISCHE ÜBERLIEFERUNG

16. DEZEMBER

Der Zauber des Advents (1)

Die Wochen des Advents sind Wochen, in denen ich oft meine, in einer erhöhten „Sinnlichkeit" zu leben, empfindsamer zu sein. Ich rieche mehr, ich höre anderes, ich schaue aus einem anderen Blickwinkel, bin behutsamer, nehme anders wahr, bin offener als sonst für Zeichen und Symbole.

Es liegt für mich eine Art von Zauber über diesen Wochen, den alle raue und harte Realität nicht durchbrechen kann – im Gegenteil: Manchmal meine ich fast, dass dieser Zauber auch die brutale Wirklichkeit umfasst und verändert. Von diesen Tagen und Wochen scheint etwas auszugehen, das auch die hartgesottensten Herzen „aufweicht".

ANDREA SCHWARZ

17. DEZEMBER

Der Zauber des Advents (2)

Oder sind es womöglich doch nur die langen Nächte der Dunkelheit, die die Sehnsucht nach dem Licht wachsen lassen? […]

Manchmal kommt es mir vor, als klinge da leise, ganz im Hintergrund, eine Melodie, die verzaubert, die mich vielleicht ein wenig neu zum Kind werden lässt, die mich das Staunen, das Offen-Sein lehrt – Advent muss ich hören, fühlen, sehen, riechen, empfinden, greifen können …

ANDREA SCHWARZ

18. DEZEMBER

Der Zauber des Advents (3)

Mag sein, dass ich gerade in diesen eher dunklen Wochen, in denen „draußen" so wenig „Sichtbares" geschieht, meine Aufmerksamkeit eher nach innen, auf mich hin ausrichte. Die vielfältigen Sinneseindrücke von außen nehmen ab, um den Eindrücken in mir Platz und Raum zu schaffen. Bei aller Hektik – so verlangsamt sich doch das Leben in mir. Advent und Weihnachten kann bei mir nicht nur mit dem Kopf stattfinden – ich brauche auch etwas für Herz und Hand. Manche mögen das sentimental nennen, für mich heißt es Sinnlichkeit. Und vielleicht ist es gerade eine solche Zeit, in der man, im Sinne von Saint-Exupéry, mit dem „Herzen gut sieht".

ANDREA SCHWARZ

19. DEZEMBER

Der Zauber des Advents (4)

Es ist ein Zauber, von dem diese Tage und Nächte vor der Wintersonnenwende umgeben sind – und ich darf mich in diesen Zauber hineinbegeben, mich verzaubern lassen, wenn ich zugleich nicht die Radikalität und Existentialität dieser Tage und ihrer Botschaft dabei vergesse.

ANDREA SCHWARZ

20. DEZEMBER

Die Kraft der Visionen

Sind die großen Visionen vom ewigen Frieden unter allen Völkern und der ewigen, göttlichen Harmonie der ganzen Schöpfung nur utopische Märchen? Nein, durchaus nicht! Sie entsprechen dem tiefsten Verlangen des menschlichen Herzens und weisen auf die Wahrheit hin, die darauf wartet, jenseits allen Lugs und Trugs offenbart zu werden. Diese Visionen nähren unser geistliches Verlangen und stärken unser Herz. Sie geben uns Hoffnung, wenn wir verzweifeln möchten, ermutigen uns, wenn wir versucht sind, unser Leben aufzugeben, und geben uns Vertrauen, wenn Misstrauen die vernünftigere Haltung zu sein scheint.

HENRI NOUWEN

21. DEZEMBER

Engel sind Menschen

Engel sind Menschen, die Licht weitergeben. Wo sie sind, wird alles hell und klar. Engel sind Menschen, die eine Art ursprüngliche Freude aus dem Paradies mitbekommen haben. Engel helfen auf die Beine, wo Menschen am Boden sind, und halten auf unsichtbare Weise die Welt im Lot. In ihnen spürst du ein wenig das Geheimnis einer unergründlichen Güte, die dich umarmen will. In diesen Menschen fühle ich Gott zu mir kommen mit seiner Zärtlichkeit und seiner umsichtigen Sorge.

PHIL BOSMANS

22. DEZEMBER

Du bist ein Engel

Du hast ein Problem. Du sitzt damit fest. Da bekommt über eine unsichtbare Antenne irgendwo jemand eine Eingebung, eine Art Befehl, zu dir zu gehen, zu helfen, dir einen Schubs zu geben oder dich zu trösten. „Du bist ein Engel", sagst du zu einem Mann, zu einer Frau. Du bist erleichtert, du siehst wieder Licht, die Qual ist weg. Aber Engel kommen nicht auf Bestellung oder gegen Bezahlung. Meist tauchen sie ganz unverhofft auf, zeigen den Weg, lösen ein Problem und sind, ohne auf Dank zu warten, wieder weg. – Es gibt noch Engel in der Welt, aber viel zu wenig. Komm, du bist ein Engel; es gibt genug Menschen, für die du ein Engel sein kannst.

PHIL BOSMANS

23. DEZEMBER

Licht und Wärme

In Armut und Kälte und in tiefer Verlassenheit ist einer in die Welt zu allen Menschen gekommen, der mit seinem ganzen Leben Licht und Wärme sein wollte. An einem Kreuz hat er die Welt wieder verlassen. Wenn du offen bist für das Geheimnis dieses Menschen, offen wie ein Kind, wirst du Licht empfangen und Wärme fühlen.

Ich wünsche dir in diesen Tagen viel Licht im Herzen, um im Dunkel bei dir ein paar Sterne anzuzünden, und viel Wärme in dir, um Menschen aus der Kälte zu holen.

PHIL BOSMANS

24. DEZEMBER

Friede auch für dich

Weihnachten! Friede allen Menschen guten Willens! Friede auch für dich, wer du auch seiest, was du auch denkst oder glaubst! Friede! Denn auch du trägst im tiefsten Herzen, vielleicht unbewusst, unendliches Heimweh nach dem verlorenen Paradies, Heimweh nach Frieden, Güte und Liebe.

Suche Frieden in Güte und Liebe zu anderen und du wirst Frieden finden. Weihnachten: Gottes Liebe soll sichtbar werden in deinem Herzen und in deinem ganzen Leben. Weihnachten: nichts als Friede, nichts als Güte und Liebe allen Menschen auf der ganzen Welt!

PHIL BOSMANS

25. DEZEMBER

Weihnachten – die Gottesgeburt im Menschen (1)

Wir feiern die Geburt Christi in Betlehem, um daran glauben zu können, dass in uns göttliches Leben ist. Ohne dieses Fest würden wir das göttliche Leben in uns übersehen. Wir würden das für Leben halten, was nach außen hin sichtbar ist: unser Arbeiten, unsere Erfolge und Misserfolge, unser menschliches Miteinander, Anerkennung, Zuwendung, Liebe, unsere alltäglichen Freuden und Leiden. Wir würden daran vorbeisehen, dass in uns Gott selbst ist.

ANSELM GRÜN

Weihnachten – die Gottesgeburt im Menschen (2)

Wir brauchen viele Symbole, um gegen die Macht der Fakten an das Geheimnis zu glauben, dass Gott in unsere Welt gekommen ist.

Wir stellen Christbäume auf, zünden Kerzen an, wir singen Weihnachtslieder, die in Bildern das Geheimnis der Menschwerdung künden und in ihren trauten Melodien etwas davon vermitteln, dass unsere Welt anders geworden ist durch Gottes Kommen, dass wir uns in ihr ein Stück weit zuhause fühlen können. Und wir singen diese Lieder, um in uns neue Möglichkeiten zuzulassen: Liebe, Zärtlichkeit, staunen können, Ergriffenwerden, fühlen können. Wir besingen das göttliche Kind in der Krippe, um in uns selbst die Möglichkeiten eines Kindes zu entfalten: das Spontane und Unverfälschte, die Lebendigkeit und Echtheit. [...]

Der Gedanke von der Gottesgeburt im Menschen durchzieht die Schriften der deutschen Mystiker. Nach Johannes Tauler sind alle Leiden dieser Zeit nur die Geburtswehen für die Geburt Gottes in unserer Seele.

ANSELM GRÜN

27. DEZEMBER

Weihnachten – neue Saiten zum Klingen bringen

Wir erleben uns oft weit weg von Gott. Da muss uns ein Fest vor Augen führen, dass Gott in der Krippe im Stall geboren wird, von Ochs und Esel umgeben, und dass gerade die Hirten, die wenig vornehmen Teile unserer Seele, kommen müssen, um dieses Kind anzubeten, während unser Verstand als der edelste Teil zurückbleibt mit seinen Entschuldigungen: Wir haben keinen Platz in der Herberge. Und wir brauchen die Lieder und die Kerzen, um daran glauben zu können, dass die Geburt Gottes in uns neue Saiten zum Klingen bringen kann.

ANSELM GRÜN

28. DEZEMBER

Übung der Gottesgeburt in mir (1)

Setze dich ruhig in dein Zimmer, tu' gar nichts, weder lesen noch schreiben noch nachdenken. Versuche, einfach da zu sein, es zu genießen, da zu sein, gegenwärtig vor dem gegenwärtigen Gott. Versuche, den Frieden zu spüren, der dich umgibt. Stell' dir vor, dass Gottes Gegenwart dich einhüllt. Bleib' einfach in seiner Gegenwart sitzen. Ruh' dich vor ihm aus, ohne Druck, etwas sagen zu müssen. Horche in dich hinein: Versuche, den Ort in dir zu entdecken, an dem es ganz still ist, zu dem keine Gedanken und Gefühle vordringen, zu dem niemand Zutritt hat, sondern allein Gott.

ANSELM GRÜN

29. DEZEMBER

Übung der Gottesgeburt in mir (2)

Lass dich da hineinfallen und genieße es, mit deinem Gott allein zu sein. […] Wenn du in dich hineinhorchst, stößt du vielleicht zuerst auf viel Schutt und Geröll, auf den Müll deiner unerledigten Probleme. Du kannst dir vorstellen, dass du im Ausatmen diese Schuttschicht durchdringst und vorstößt zu der Quelle lebendigen Wassers, die in dir fließt. Im Einatmen kannst du dieses frische und klare Wasser dann in deinen Leib strömen lassen, damit alles Trübe und Staubige daraus vertrieben wird …

ANSELM GRÜN

30. DEZEMBER

Das Wesentliche hinter den Dingen

Besondere Zeiten wie heute sind mein Wunsch für dich: Tage oder Stunden, die dich aus deinem gewohnten Alltagsrhythmus herausnehmen und etwas von einer anderen, inneren Wirklichkeit erfahren lassen. Manchmal kann dies eine unerwartete Begegnung mit einem Menschen sein, ein anderes Mal eine Phase der Besinnung für dich allein. Ein frohes Fest mit geschätzten Menschen richtet deinen Sinn ebenso auf das Wesentliche hinter den Dingen wie ernste Momente der Nachdenklichkeit, die dich mit Leib und Seele herausfordern.

THOMAS ROMANUS

Ständiges Entdecken

Immer glücklich ist der, dem stets etwas vor Augen steht, das er nicht völlig erkennen kann, das er fortschreitend immer mehr und mehr erkennt. Das ist der notwendige Zustand eines endlichen Geschöpfes mit einem in Gott gewurzelten und auf Gott gerichteten Geist; das ist daher sein glücklicher Zustand, nicht ein Zustand des Triumphes oder der Freude über das, was er weiß, sondern vielmehr der Freude über das beständige Entdecken neuer Unwissenheit, beständige Demütigung, beständiges Staunen. Einmal gründlich unser eigen, hört das Wissen auf, uns Freude zu bereiten. Es kann uns praktisch nützlich oder andern dienlich sein, wir können damit wuchern, um mehr zu erlangen; aber in sich ist es, wenn es uns einmal ganz vertraut geworden ist, tot. Das Wunderbare ist davon abgestreift und die feine Farbe, die es hatte, als wir es zuerst aus dem unendlichen Meer heraufzogen. [...] Alle Menschen empfinden das, obwohl sie nicht daran denken und sich die Folgen nicht klarmachen. Sie sehen auf die Tage der Kindheit als auf die glücklichsten zurück, weil es die Tage des größten Staunens, der größten Einfalt und der kräftigsten Phantasie waren. Der ganze Unterschied zwischen einem Mann von Genie und andern Menschen besteht, wie oft und sehr wahr gesagt worden ist, darin, dass der Erstere großenteils Kind bleibt und aus großen Kinderaugen schaut, in beständigem Staunen.

JOHN RUSKIN

Textnachweis

Die Texte dieses Buches wurden, wenn nicht anders vermerkt, aus folgenden, im Verlag Herder, Freiburg i. Br., erschienenen Büchern ausgewählt. Zum Teil finden sich in ihnen noch nähere Quellenangaben.

BOSMANS, PHIL: Blumen des Glücks musst du selber pflanzen. Neuausgabe 2014.
BOSMANS, PHIL: In dir liegt das Glück. Neuausgabe 2011.
BOSMANS, PHIL: Ich hab' dich gern. Neuausgabe 2004.
BOSMANS, PHIL: Ja zum Leben. Neuausgabe 2009.
BOSMANS, PHIL: Liebe wirkt täglich Wunder. Neuausgabe 2008.
BOSMANS, PHIL: Vergiss die Freude nicht. Neuausgabe 2012.
BRASELMANN, WERNER (HG.): Die Weisheit wächst wie ein Baum – Impulse für jeden Tag. 1992.
DALAI LAMA: Mitgefühl und Weisheit – Ein großer Mensch im Gespräch mit Felizitas von Schönborn. Herder spektrum, Bd. 4288. [2]1994.
DALAI LAMA: Tag für Tag zur Mitte finden – Lesebuch durch das Jahr. Herder spektrum, Bd. 5649. [5]2012.
DALAI LAMA: Wie man besser leben kann. Der Pfad des Glücks. Herder spektrum, Bd. 5609. 2005.
FONTANE, THEODOR: Worte, die von Herzen kommen. Neuausgabe [2]2001.
GRÜN, ANSELM: Mit Herz und allen Sinnen – Gute Gedanken für jeden Tag. Neuausgabe 2007.
HAAK, RAINER: So schmeckt das Leben. 2004.
HAAK, RAINER: Zum Glück gehört die Leichtigkeit. 77-mal Ja zum Gelassensein. 2004.
HAAK, RAINER: Zum Glück gehört Zeit. 77-mal Ja zum Innehalten. 2003.
HAAK, RAINER: Zum Glück gibt's Wunder. 77-mal Ja zum Reichtum des Lebens. 2003.
HAZRAT INAYAT KHAN: Vom Glück der Harmonie. Herderbücherei, Bd. 724. [4]1985.

HESSE, HERMANN: Also wenn er liebt, aus: Hermann Hesse, Kleine Freuden. Kurze Prosa aus dem Nachlass, hrsg. v. Volker Michels. © Suhrkamp Verlag, Frankfurt am Main 1977, 133.
HESSE, HERMANN: Stelle dir dein Wesen vor, aus: Hermann Hesse, Kleine Freuden, aaO., 141.
HESSE, HERMANN: Gegenüber von Afrika, aus: Hermann Hesse, Die Gedichte. © Suhrkamp Verlag, Frankfurt am Main 1971.
HOHN-MORISCH, LUDGER (HG.): Für jeden Tag ein gutes Wort. 2013.
KHOURY, ADEL THEODOR (HG.): Buddha für Christen – Eine Herausforderung. 1986.
LECHLEITNER, NORBERT: Flügel für die Seele. 111 überraschende Weisheitsgeschichten, die jeden Tag ein wenig beschwingter machen. 2003.
LECHLEITNER, NORBERT: Sonne für die Seele. 100 überraschende Weisheitsgeschichten, die jeden Tag ein wenig fröhlicher machen. 2004.
LECHLEITNER, NORBERT: Vitamine für die Seele. 100 überraschende Weisheitsgeschichten, die jeden Tag ein wenig sonniger machen. ²2006.
LEVEN, CHRISTIAN (HG.): Heute ist der beste Tag zum Glücklichsein. 2007.
MEIER, ERHARD (HG.): Lebensweisheit des Buddhismus. 1985.
MELLO, ANTHONY DE: Der springende Punkt – Wach werden und glücklich sein. ²2013.
MELLO, ANTHONY DE: Geschichten, die gut tun – Weisheit für jeden Tag. ³2002.
MELLO, ANTHONY DE: Wo das Glück zu finden ist – Weisheitsgeschichten für jeden Tag. ²2005.
ROMANUS, THOMAS: Ein gutes Wort von Tag zu Tag. Neuausgabe 2007.
SCHWARZ, ANDREA: Und jeden Tag mehr leben – Jahreslesebuch. Neuausgabe ³2012.
STUTZ, PIERRE: Lebe, was dich glücklich macht. 2004.
VEITL, SASCHA: Alles wird gut – Jahreslesebuch. 2002.
WORTE, die gut tun – Weisheit der Welt. ²1998.
WORTE wie Sonnenschein – Weisheit der Welt. ²2002.
WORTE wie Spuren – Weisheit der Indianer. Neuausgabe ³2002.
WORTE zum Wohlfühlen – Weisheit der Welt. ³1999.